Deutschbuch

Grundausgabe

Orientierungswissen

Sprechen und Schreiben

Umgang mit Texten und Medien

Grammatik/Nachdenken über Sprache

Rechtschreibung und Zeichensetzung

Arbeitstechniken und Methoden

Herausgegeben von
Bernd Schurf

Erarbeitet von
Ulrich Campe, Friedrich Dick, Günther Einecke,
Ute Fenske, Josi Ferrante-Heidl, Susanne Gasse, Andrea Gefeke,
Marlene Koppers, Markus Langner, Monika Lenkaitis,
Hans-Waldemar Nürnberg
und Norbert Pabelick

Cornelsen

INHALTSVERZEICHNIS

1 Sprechen und Schreiben

2 Umgang mit Texten und Medien

3 Grammatik – Nachdenken über Sprache

4 Rechtschreibung und Zeichensetzung 99

5 Arbeitstechniken und Methoden 122

1 Sprechen und Schreiben

1.1 Erzählen – Nacherzählen – Schildern

Erzählplan und Erzählaufbau

Wenn man schriftlich oder mündlich erzählen will, ist es wichtig, sich einen Erzählaufbau zu überlegen. Zuerst einmal kann man Ideen sammeln und sie ungeordnet auf einzelnen Zetteln notieren, dann aber sollte man sich eine Reihenfolge überlegen, in der man den Erzählstoff darbieten will:

1 Einleitung
Was könnte als Einleitung dienen, mit der man die Leser/-innen oder Hörer/-innen in die Geschichte einführt? Oder soll die Geschichte unvermittelt beginnen?

2 Hauptteil
Wie soll der Hauptteil aufgebaut werden: Was soll der Höhepunkt der Geschichte sein und wie soll die Spannung bis dahin entwickelt werden?
(Ideenzettel ordnen!)

3 Schluss
Soll die Geschichte einen abgerundeten Schluss haben oder unvermittelt abbrechen und damit offen enden?

Mit einer **Einleitung** kann man z. B. in den Ort/die Zeit des Geschehens einführen und/oder die Hauptfigur(en) vorstellen.
Der **Hauptteil** enthält dann den Kern der Geschichte, das Geschehen, um das es in der Erzählung geht.

Mündliches und schriftliches Erzählen

mündliches Erzählen

schriftliches Erzählen

Mündliches und schriftliches Erzählen unterscheiden sich meistens in der Zeitform des Erzählens (dem **Erzähltempus**): Während im mündlichen Erzählen die Vergangenheit häufig durch das **Perfekt** ausgedrückt wird, ist das Erzähltempus in der **schriftlichen Erzählung** in der Regel das **Präteritum.**
In einer schriftlichen Erzählung wird noch mehr als in einer mündlichen Erzählung ein durchdachter Aufbau erwartet. Informationslücken und missverständliche Ausdrücke müssen gerade beim schriftlichen Erzählen vermieden werden, weil der Leser/die Leserin nicht die Möglichkeit hat, nachzufragen. Es kommt besonders auf eine genaue und lebendige Sprache an, weil der Schreiber anders als der Sprecher seine Geschichte nicht mit Gesten, Gesichtsausdrücken usw. begleiten kann.

Anschaulich erzählen

Bei der Ausgestaltung einer Erzählung sollte man darauf achten, die Aufmerksamkeit des Lesers/der Leserin bzw. des Hörers/der Hörerin zu wecken und zu erhalten. Wenn man etwas anschaulich erzählen will, sollte man sich Ereignisse und Figuren **genau vorstellen.**
Man malt sich aus,

- wie etwas aussieht und wie es sich bewegt,
- welche Laute und Geräusche zu hören sind,
- wie etwas riecht oder schmeckt,
- wie es sich anfühlt oder was auf der Haut zu spüren ist (z. B. ein Luftzug).

Beim Formulieren sollte man darauf achten,

- **treffende Verben** zu verwenden (statt *gehen* z. B.: *bummeln, eilen, hasten, schlendern …*),
- **veranschaulichende Adjektive** (statt *schön* z. B.: *wunderbar, makellos, herrlich …*) und
- **Vergleiche** (statt *sagen* z. B.: *er brüllte wie ein gereizter Stier …*) einzusetzen.

Außerdem kann man zum Beispiel durch den Gebrauch der ▶ **wörtlichen Rede** eine Geschichte lebendiger und dramatischer gestalten (Figurenrede). ▶ S. 118
Neben der äußeren Handlung kann man auch das innere Geschehen wiedergeben. Dabei macht man klar, welche **Gefühle und Gedanken** das Geschehen bei jemandem auslöst.
Wichtig ist es auch, auf das **Erzähltempus** zu achten; so kann man zum Beispiel durch den Wechsel vom Präteritum (der Tempus-Grundform des Erzählens) ins Präsens Spannung erzeugen.

Feuer!

Montagmorgen, 10.35 Uhr: 28 Schülerinnen und Schüler der 7c kamen aus der Pause in den Klassenraum. Eine gewisse Anspannung lag im Raum, denn heute wollte Frau Uhl die Mathematikarbeit zurückgeben, über der die Klasse vor einer Woche gebrütet hatte.
„Wenn ich wieder eine Vier habe", klagte Rebecca, „bekomme ich mächtig Ärger zu Hause."
„Wem sagst du das, ich habe schon eine Fünf auf dem Konto", gab Anne zurück.
Die Tür flog auf und ihre Lehrerin betrat schwungvoll den Raum. „Guten Morgen, liebe 7c! Die Arbeit ist gar nicht schlecht ausgefallen", begann sie, „ich bin recht zufrieden." Während Frau Uhl die der Klasse schon bekannten Sprüche klopfte, ging eine merkwürdige Veränderung unter den Schülern vor: Zunächst war es nur Bettina aufgefallen, die nahe bei der Tür saß, dann aber auch Ruth. Die stieß Mark, ihren Banknachbarn, an: „Riechst du nichts?"
„Nein, was denn?", fragte er.
„Typisch Jungs! Riechen nichts! Das ist Rauch. Hier brennt's irgendwo."
Im selben Moment ertönt die Schulglocke dreimal kurz hintereinander: das Zeichen für Brandalarm. Frau Uhl verstummt zunächst entgeistert, findet dann aber schnell die Fassung wieder, um die Klasse, die wie eine Horde aufgeschreckter Affen durcheinander schreit, zu beruhigen …

Erzählkerne ausgestalten

Geht es darum, einen Erzählkern (eine kurze Darstellung des Handlungsgerüsts in der Art einer Inhaltsangabe oder Zeitungsmeldung) auszugestalten, sollte man auf Folgendes achten:

- ▶ S. 7 Man lässt die **Atmosphäre** einer Geschichte durch genaue, anschauliche ▶Schilderungen deutlich werden.
- ▶ S. 30 Man wählt eine ▶**Erzählperspektive** aus, die den Lesern oder Hörern das Geschehen nahe bringt; das kann ein Ich-Erzähler sein, der das Geschehen miterlebt (hat), oder ein Er-Erzähler bzw. eine Sie-Erzählerin, der/die allwissend über dem Geschehen steht.
- Man lässt von den **Figuren** durch genaue Darstellung ihres Äußeren und Inneren (Gedanken, Gefühle) sowie durch Rückblenden auf ihre Vorgeschichte ein lebendiges Bild entstehen.
- Man verwendet **Spannung** erzeugende Stilmittel, z. B. Pronomen, deren Bedeutung erst später klar wird, oder lenkt die Aufmerksamkeit der Leser/-innen durch Wiederholungen auf bestimmte Leitmotive.

Im folgenden Beispiel wird eine Zeitungsmeldung zu einer Geschichte ausgestaltet. Im unten wiedergegebenen Erzählanfang wird aus der Sicht eines Jungen erzählt, der den Brand mit verursacht hat. Dabei wird auch das Mittel der Rückblende genutzt:

Zeitungsmeldung:

Pavillon im Kurviertel abgebrannt

Burtscheid – Zu einem Schwelbrand wurde die Feuerwehr gestern nach Burtscheid gerufen. Hinter einem alten Kinosaal aus den 30er-Jahren war ein Pavillon angezündet worden. Mit drei Löschzügen fuhren die Feuerwehrleute um 14.25 Uhr vor. Bereits 13 Minuten später hatten sie den Brand gelöscht. Der Sachschaden wird auf 13 000 Euro geschätzt. Als Brandverursacher werden Kinder verdächtigt, die hinter dem Pavillon beim Feuermachen beobachtet worden waren. Die benachbarte Kindertagesstätte war jedoch zu keinem Zeitpunkt in Gefahr. Die Polizei nahm bereits gestern die Ermittlungen auf.

Erzählanfang:

Der Brand im Pavillon

Das wollten wir nicht, nein, das wollten wir wirklich nicht! Peter, mein Freund aus dem Hort, hatte mir sein neues Feuerzeug gezeigt und vorgeschlagen, dass wir uns vor der Hausaufgabenstunde zum alten Schuppen absetzen sollten. Ich wollte es zuerst gar nicht, es hatte vor drei Wochen, als uns unsere Gruppenleiterin gesucht hatte, schon genug Ärger gegeben. Die kann sauer sein, sage ich euch! Aber Peter hat mich wie immer herumgekriegt – er hat mir versprochen, dass ich auch mal mit seinem Feuerzeug Papier anzünden darf …

Nacherzählen

Wenn man eine Geschichte **schriftlich** nacherzählt, gibt man mit eigenen Worten die Ereignisse in der gleichen Reihenfolge wieder, wie der Autor oder die Autorin sie erzählt hat. Das Nacherzählen soll lebendig und möglichst genau sein. Die Zeitstufe der Textvorlage wird beibehalten; meist ist es das Präteritum.
Beim **mündlichen** Nacherzählen kann man sich auf eine Gliederungsskizze stützen, die die einzelnen Erzählschritte in Stichpunkten oder Zwischenüberschriften festhält. Das Erzähltempus ist hier zumeist das Perfekt.

Beispiel für eine Gliederungsskizze:

Till Eulenspiegel beim Schneider

Einleitung Till wird bei einem Schneidermeister in Berlin als Geselle aufgenommen.

Hauptteil Tills Streiche
1. Streich: Till soll „unsichtbar nähen“ – er kriecht unter den Tisch.
2. Streich: Till soll den „Wolf“ (Bauernrock) fertig machen – er macht einen Wolf daraus.
3. Streich: Till soll „Ärmel anwerfen“ (einnähen) – er wirft die ganze Nacht die Ärmel gegen einen Mantel.

Schluss Streit mit dem Meister und Abschied Tills

Eine Geschichte weitererzählen

Wenn der Anfang einer Erzählung, Fabel, Kalendergeschichte, Anekdote usw. vorgegeben ist, den man weitererzählen soll, muss man darauf achten, **Brüche im Erzählablauf** zu **vermeiden.** Man muss also Ort, Zeit und Atmosphäre der Geschichte im Auge behalten.
Auch soll die **Darstellung der Figuren** zu der Vorlage passen; so kann man sich zum Beispiel fragen, ob die Figuren von außen und/oder in ihrem Innenleben genau beschrieben werden müssen. Schließlich ist noch auf die **Erzählabsicht** zu achten: Soll die Geschichte auch belehren oder nur unterhalten? Das kann man an der Erzählweise der Vorlage erkennen, die man weiterführen soll.

Schildern

Wenn man schildert („Schilderer“ = Maler), versucht man mit Wörtern zu „malen“, mit Sprache ein stimmungshaltiges Bild zu entwerfen. Adjektive, Vergleiche und vor allem treffende Verben machen den geschilderten Sachverhalt besonders anschaulich.

Beispiel:

Georg Britting: Brudermord im Altwasser

Das sind grünschwarze Tümpel, von Weiden überhangen, von Wasserjungfern übersurrt, das heißt: wie Tümpel und kleine Weiher, und auch große Weiher ist es anzusehen, und es ist doch nur Donauwasser, durch Steindämme abgesondert vom großen, grünen Strom, Altwasser, wie man es nennt. Fische gibt es im Altwasser, viele, Fischkönig ist der Bürstling, ein Raubtier mit zackiger, kratzender Rückenflosse, mit bösen Augen, einem gefräßigen Maul, grünschwarz schillernd, wie das Wasser...

1.2 Berichten

Berichtende Texte sollen informieren. Wenn man über ein vergangenes Ereignis berichtet, muss man überlegen, zu welchem Zweck die Hörer/-innen oder Leser/-innen die Information benötigen.
Texte, die z. B. Polizei, Feuerwehr, Gericht oder auch Versicherungen zur Rekonstruktion eines Geschehens benötigen, müssen knapp und präzise sein. Solche Texte werden sachlich abgefasst, d. h., sie enthalten keine unwichtigen, ablenkenden Informationen, keine Gefühle und Wertungen. Wenn in einer Zeitungsredaktion oder in einer Polizeistation z. B. ein **Unfallbericht** verfasst wird, dann sollten die Verfasserinnen und Verfasser

- Vermutungen von **Tatsachen** unterscheiden; in der Regel wird auf die Mitteilung von Vermutungen verzichtet;
- Ereignisse **sachlich** wiedergeben, also die persönliche Betroffenheit nicht einfließen lassen;
- alles relativ **knapp** mitteilen, indem sie Wichtiges von Unwichtigem unterscheiden und auf die Erwähnung von Nebensächlichem verzichten;
- die richtige **zeitliche Reihenfolge** der Ereignisse einhalten.

Berichte geben in der Regel Antworten auf die so genannten W-Fragen:

Tretroller angefahren

Hennef – Glück im Unglück hatte ein achtjähriger Schüler am Montag gegen 13.15 Uhr. Er wollte mit seinem Tretroller die Bonner Straße überqueren und achtete dabei nicht auf den Verkehr. Eine 65-jährige Pkw-Fahrerin aus St. Augustin, die aus Wardt kommend in Richtung Schützenstraße unterwegs war, fuhr kurz hinter der Stoßdorfer Straße den Jungen an, als er vom linken Gehweg auf die Straße lenkte. Mit der rechten Fahrzeugkante stieß der Wagen gegen die Lenkstange des Rollers. Der Achtjährige stürzte und verletzte sich leicht, sein Zweirad wurde erheblich beschädigt.

Wer? Wann? Wo? Warum? Wer? Was? Warum? Wie? Welche Folgen?

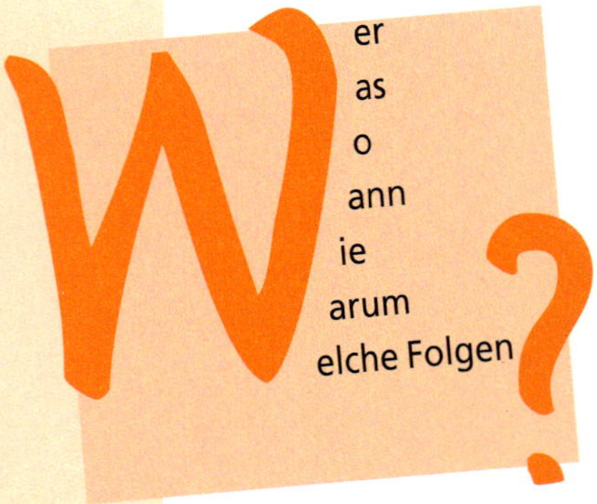

In berichtenden Texten tauchen verschiedene Tempusformen der Vergangenheit auf:

- Beim mündlichen Berichten über etwas Vergangenes verwendet man oft das **Perfekt** („Ich *habe vergessen* …“).
- Bei schriftlichen Berichten wird dagegen meist das **Präteritum** benutzt („Schwere Verletzungen *erlitt* …“).
- Bei Vorzeitigkeit wird in beiden Fällen das **Plusquamperfekt** verwendet („Nachdem der Lastwagen die Ladung *verloren hatte,* fuhren zwei Pkws …“).

Texte wie z. B. **Reportagen,** die aus einer persönlichen Perspektive von einem Geschehen berichten, dürfen durchaus auch Gedanken, Gefühle sowie spannungssteigernde Ausdrücke und Wertungen enthalten. Dabei gehen berichtende, erzählende und beschreibende Passagen häufig fließend ineinander über.

1.3 Beschreiben – Erklären – Informieren

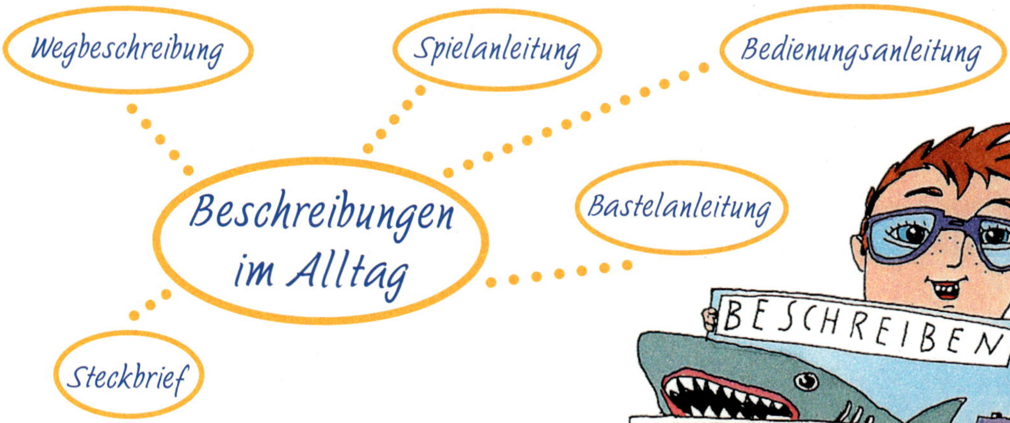

Wir beschreiben einer Person etwas, was diese nicht kennt. Deshalb müssen wir **genau** sein. Jemand, der das Beschriebene nicht kennt, muss es sich vorstellen oder erkennen können.
Die **Reihenfolge,** in der man die Hauptmerkmale und die Einzelheiten beschreibt, sollte immer durchdacht sein.
Für genaues und anschauliches Beschreiben braucht man

- passende, **treffende Adjektive** („eine *geschmeidige* Katze, ein *stechender* Geruch, ein *lahmendes* Pferd"),
- **Vergleiche** („Denn schon ein junger See-Elefant ist *so groß wie ein ausgewachsener Mann …* Andererseits *gleicht* er in seinem Verhalten oft *einem kleinen, tollpatschigen Kind …*"),
- häufig auch **zusammengesetzte Nomen** (*Bärenfell, Pferdekoppel, Sommerwiese*).

Bei der Wortwahl solltest du auch darauf achten, die ausdrucksschwachen Verben „haben" und „sein" nicht zu oft zu verwenden.
Beschreibungen werden im **Präsens** verfasst.

Tierbeschreibung

Beim Beschreiben eines **Tieres** solltest du die Art (*Haustier, Raubtier*), die Verwandtschaften (*mit dem Schwein verwandt*), die Lebensweise (*lebt in der Wüste*), Ernährungsweise (*Insektenfresser*), besondere Fähigkeiten (*große Sprungkraft*) und natürlich das Aussehen und das Verhalten einbeziehen.
Achte besonders auf treffende Adjektive und Verben („Mein *schlauer* Hund *schnappt* sich immer die *schmackhaftesten* Bissen"), Vergleiche („Mein Bernhardiner wird so *groß wie ein Kalb*") und zusammengesetzte Nomen (*Hundenarr, Futternapf, Dosenfleisch*).

Personenbeschreibung

Zweck (z. B. Fahndung oder Porträt) und Adressat entscheiden, welche Angaben zu einer **Person** gemacht werden und welcher Schreibstil jeweils angemessen ist (z. B. nüchtern, sachlich, ausführlich, ausschmückend, gefühlvoll).
Einzelne Bereiche sollten zusammenhängend beschrieben werden (z. B. nicht zuerst über die Haarfarbe, dann über die Schuhgröße, dann wieder über die Haarlänge schreiben).
Treffende Adjektive zu den einzelnen Bereichen der Beschreibung sind z. B.:

- Gesichtsform: *länglich, rundlich, oval, kantig*
- Stirn: *flach, gewölbt, hoch, niedrig*
- Augenbrauen: *buschig, geschwungen, gezupft, zusammengezogen*
- Augen und Augenausdruck: *eng beieinander, blinzelnd, vorstehend, strahlend, streng, traurig, freundlich*
- Nase: *schmal, breit, kurz, lang, gerade, krumm, stupsig*
- Wangen: *eingefallen, pausbäckig, blass, gerötet*
- Mund und Lippen: *breit, schmal, voll, wulstig, rot, blass, zusammengepresst, aufgeworfen*
- Mundwinkel und Ausdruck: *herabgezogen, verschmitzt, lächelnd, verkniffen*
- Kinn: *spitz, markant, rund, vorgeschoben, fliehend*
- Haare: *schulterlang, kurz, stoppelig, drahtig, seidig, fein, gelockt, rötlich, dunkelblond, gescheitelt*
- Figur und Körperhaltung: *groß, klein, schlank, dünn, sportlich, untersetzt, korpulent, aufrecht, gekrümmt*
- Kleidung: *lässig, elegant, ordentlich, heruntergekommen, modern, altmodisch*

Gegenstandsbeschreibung

Bei **Gegenständen** sollte neben der äußeren Form und den Eigenschaften des Gegenstands oder Materials (z. B. ob etwas biegsam ist oder nicht, hart oder weich, bunt oder einfarbig ...) noch erklärt werden, wozu sie dienen, aus welchen Teilen sie bestehen und wie sie funktionieren.

Bildbeschreibung

Wenn du **Bilder** beschreibst, solltest du zunächst den Gesamteindruck und das Hauptmotiv benennen (Landschaft, Porträt ...). Dann beschreibst du, was genau im Einzelnen dargestellt ist. Anschließend stellst du dir die Frage: Wie ist es dargestellt (Farbe, Malstil, Licht, Raumaufteilung, Formen usw.)?
Wichtig ist dabei vor allem, dass deine Beschreibung einer Ordnung folgt. Diese kann z. B. vom Vordergrund zum Hintergrund führen oder auch von dem ausgehen, was im jeweiligen Bild das Auffällige, Interessante ist.

Vorgangsbeschreibung

Wenn wir **Vorgänge** beschreiben (z. B.: „Wie brate ich ein Spiegelei?“), ist es wichtig, die einzelnen Schritte in der **richtigen Reihenfolge,** genau und vollständig, aber auch knapp und sachlich nicht nur zu beschreiben, sondern auch zu **erklären.** Die Verwendung von Fachbegriffen ist dabei oft sinnvoll, allerdings sollten sie nur dann ohne zusätzliche Erklärung verwendet werden, wenn die Zuhörer/-innen oder Leser/-innen sie auch verstehen.

Tempus der Vorgangsbeschreibung ist das **Präsens.**

Ein Beispiel für eine Vorgangsbeschreibung ist das folgende Kochrezept:

Italienische Hühnerfleischfrikadellen

(ergibt 6 Portionen)

- Zuerst gibt man Zwiebeln, grüne Paprikaschoten, Karotten und Sellerie ca. 4 Minuten zu etwas kochendem Wasser in einen Kochtopf.
- Anschließend werden Tomaten (nicht abgießen), Tomatenmark, Gewürzmischung, Zucker und Knoblauchpulver dazugegeben.
- Nach kurzem Aufkochen stellt man die Temperatur herunter, legt die Hühnerfleischfrikadellen dazu und lässt das Ganze bei geschlossenem Deckel ca. 30 Minuten köcheln.
- Anschließend füllt man die gekochten Spaghetti auf Teller, legt darauf eine Frikadelle und bedeckt sie gleichmäßig mit Soße.

Zutaten:

1 Tasse	Zwiebeln, fein zerkleinert
1 Tasse	grüne Paprikaschoten, in Würfel geschnitten
1/2 Tasse	Karotten, geraspelt
1/2 Tasse	Stangensellerie, fein zerkleinert
2 Dosen	Tomaten im eigenen Saft (je 796 ml)
1/3 Tasse	Tomatenmark
2 Teel.	italienische Gewürzmischung, gemahlen
1/2 Teel.	Zucker
1/2 Teel.	Knoblauchpulver
6	Hühnerfleischfrikadellen
1000 g	Spaghetti, gekocht und abgegossen

1.4 Diskutieren – Argumentieren

Gesprächsregeln

Gespräche, in denen eine Entscheidung über verschiedene Meinungen herbeigeführt werden soll, sollten nach bestimmten Regeln ablaufen, damit die Verständigung erleichtert wird.
Die wichtigsten Regeln sind:

- Jeder/jede äußert sich nur zu dem Thema, um das es geht.
- Wir melden uns zu Wort und reden nicht einfach los.
- Wir hören den anderen Gesprächsteilnehmern aufmerksam zu.
- Wir fallen den anderen Gesprächsteilnehmern nicht ins Wort.
- Niemand wird wegen seiner Äußerungen beleidigt, verspottet oder ausgelacht.
- Wir befolgen die Hinweise des Gesprächsleiters oder der Gesprächsleiterin.

Für ein Klassengespräch braucht man einen **Gesprächsleiter** oder eine **Gesprächsleiterin.**
Er/sie hat folgende Aufgaben:

- Die Diskussion eröffnen: *„Unser Thema ist … Ihr habt das Wort.“*
- Das Wort in der Reihenfolge der Meldungen erteilen: *„Erst Simone, dann Axel, danach Yildrim.“*
- Beiträge zusammenfassen: *„Als wichtigste Gründe habt ihr genannt …“*
- Eine Abstimmung einleiten und durchführen: *„Stimmen wir jetzt darüber ab.“*

Diskutieren

In Diskussionen geht es darum, andere zu bewegen, das zu tun, was man selbst für richtig hält, sie also zu beeinflussen. Am besten gelingt das, wenn der Gesprächspartner oder die Gesprächspartnerin durch gute Begründungen überzeugt wird. Allerdings kann man jemanden auch mit unsachlichen Mitteln beeinflussen. Ein Beispiel dafür sind so genannte Killerphrasen, die oft Diskussionen vorzeitig beenden.

Beispiele für Killerphrasen:

- *Ich hab keine Zeit.*
- *Wir sollten erst mal sehen, was die anderen machen.*
- *Du immer mit deinem …*
- *Das ist doch viel zu viel Arbeit.*
- *Das geht nicht.*
- *Das geht uns nichts an.*

Schülerinnen und Schülern, die noch nicht so gut diskutieren können, fällt es schwer, einen gedanklichen Zusammenhang mit dem herzustellen, was die Vorredner/-innen gesagt haben. Vielen gelingt es nicht, einen Aspekt erst auszudiskutieren, bevor sie mit etwas Neuem beginnen. Die Diskussion springt dann meist hin und her; dabei wird kaum etwas geklärt.
Geübte Diskussionsteilnehmer/-innen können dagegen an etwas **anknüpfen,** was einer/eine der Vorredner/-innen gesagt hat, und dann einen eigenen Gedanken so daran anschließen, dass ein neuer Gesichtspunkt deutlich wird:
„Also, Yildrim hat gerade gesagt … Aber ich bin eher der Meinung, dass …“

Argumentieren

Beim Argumentieren versucht man, seine Meinung überzeugend zu begründen. Man stellt eine **These** auf, d.h. eine Aussage, die behauptenden, wertenden oder empfehlenden/fordernden Charakter haben kann. Diese Thesen versucht man durch **Argumente** (Begründungen) zu stützen. Argumente können **Faktenargumente, Wertargumente** oder **Autoritätsargumente** sein.

Thesen:
- Behauptungen
- Wertungen
- Empfehlungen/Forderungen

Argumente (Begründungen)

Faktenargumente:	**Wertargumente:**	**Autoritätsargumente:**
Hinweise auf Tatsachen, die auf eigenen Erfahrungen beruhen oder auch mit wissenschaftlichen Erkenntnissen oder statistischen Erhebungen abgesichert sein können.	Berufung auf Normen und allgemein anerkannte Werte wie Gesundheit, Meinungsfreiheit, Unverletzlichkeit der Privatsphäre usw.	Berufung auf Autoritäten und Expertinnen/Experten. Je nach Thema und Adressatenkreis können das Wissenschaftler/-innen, Politiker/-innen, Popstars usw. sein.

Beispiele:

These	**Behauptung** *Manche Deutschen sind arrogant.*	**Wertung** *Es ist schlecht, einen Menschen auf Grund seiner Hautfarbe zu diskriminieren.*	**Empfehlung** *Achim ist der richtige Nachhilfelehrer für dich.*
Argument	**Faktenargument** *Einige halten sich für besser als die anderen. Gestern hat z.B. in unserer Bäckerei die Verkäuferin eine Afrikanerin von oben herab behandelt.*	**Wertargument** *Alle Menschen haben die gleiche Würde, unabhängig von ihrer Hautfarbe.*	**Autoritätsargument** *Das sagt auch unsere Mathematiklehrerin, Frau Schmitter.*

Ein Argument muss **adressatenbezogen** sein, d. h., du musst dir überlegen, wem gegenüber und mit welcher Absicht du deinen Standpunkt vertrittst. Die Eignung und die Überzeugungskraft eines Arguments kann man prüfen, wenn man sich direkt fragt: Was spricht dagegen? Dann kann man Gegenargumente gleich in die eigene Argumentation einbeziehen und entkräften. Argumente sind weniger wirksam, wenn sie unverbunden aufgeführt werden. Man sollte sie deshalb in **eine sinnvolle Reihenfolge** bringen (von den schwächeren zu den stärksten) und außerdem einleuchtend verknüpfen.

Vorbereitung von Diskussionen

Zur Vorbereitung von Diskussionen sollte man die gesammelten Informationen aufbereiten. Dazu eignen sich:

- Info-Cluster
- Tabellen, geordnet nach den W-Fragen: Wer? Was? Wo? Wann? Wie? Warum? Welche Folgen?
- Zitatensammlungen auf Karteikarten
- Beispielsammlungen auf Karteikarten
- Schaubilder

Beispiel für einen Info-Cluster zur Vorbereitung auf eine Diskussion zum Thema „Gehört in jede Schultasche ein Laptop?“:

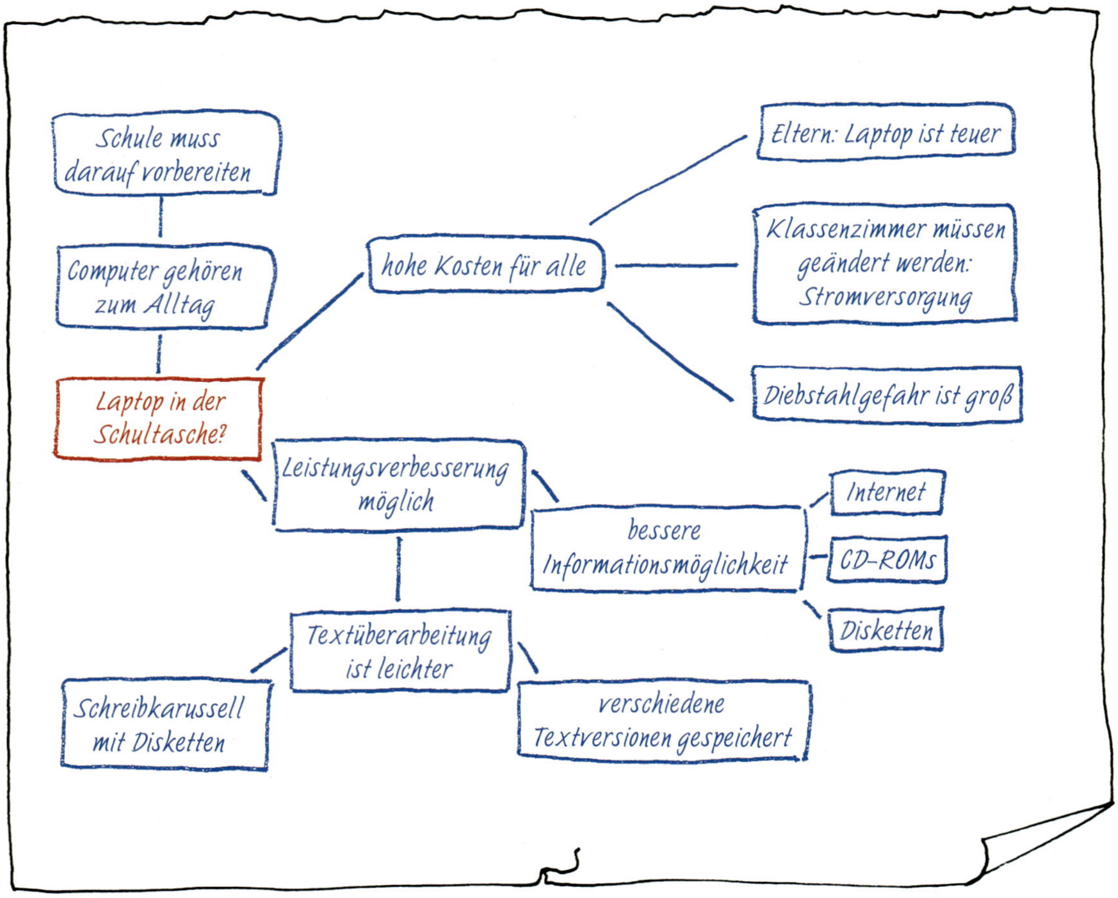

Eine gute Vorbereitung ist besonders bei Diskussionsformen nützlich, die nach bestimmten Regeln ablaufen, wie z. B. die Podiumsdiskussion oder die Debatte.

Diskussionsformen

Der Austausch von Meinungen kann in unterschiedlicher Weise organisiert werden. **Diskussionen** lassen es normalerweise zu, dass sich Teilnehmer/Teilnehmerinnen in einer nicht geplanten, spontan sich ergebenden Reihenfolge melden.

Es gibt aber auch **Debatten,** die nach strengeren Regeln ablaufen. Hier ist der Ablauf des Gesprächs genau festgelegt.

Außerdem gibt es z. B. **Talkshows,** in denen die Gesprächsteilnehmer/-innen wissen, dass ein Publikum sich durch ihren Meinungsaustausch unterhalten lassen will.

Bei **Podiumsdiskussionen (Expertenpodien)** haben die Gesprächsteilnehmer/-innen ein besonderes Wissen anzubieten.

1.5 Erörtern

Die schriftliche Form einer Argumentation, in der du die Gründe für eine These sowie deren Gegengründe abwägst und dir so eine eigene Meinung zu bestimmten Problemen bildest, nennt man **Erörterung.**
Außer in der linearen Erörterung (s. u.) werden beim Erörtern gegensätzliche Standpunkte berücksichtigt und argumentativ gegeneinander abgegrenzt. Ziel des Erörterns ist das begründete persönliche Urteil.
Bei der Erörterung lassen sich grundsätzlich ▶ S. 20 zwei Arten unterscheiden: Die ▶ **textgebundene Erörterung** setzt sich argumentativ mit den Inhalten eines Textes oder mehrerer Texte auseinander, die **freie Erörterung** (s. u.) behandelt ein Thema unabhängig von einer Textvorlage.

Lineare Erörterung

Die lineare Erörterung (linear = geradlinig) ist eine Form der freien Erörterung, bei der es nicht um die Gegenüberstellung von Pro- und Kontra-Argumenten geht, sondern um die Begründung des eigenen Standpunktes. Hierzu reiht man die Argumente nach ihrer Wichtigkeit aneinander, wobei das stärkste Argument am Schluss der Argumentationskette steht. Durch die Steigerung in der Gewichtung der Argumente hält man das Interesse des Lesers wach und verleiht der eigenen Position Nachdruck. Gegenargumente werden nur am Rande eingebracht, um mögliche Bedenken gleich auszuräumen. Die Form der linearen Erörterung bietet sich besonders dann an, wenn ein Thema als Sach- oder Ergänzungsfrage (W-Frage) formuliert ist, z. B.:

- „Warum sollte die allgemeine Wehrpflicht abgeschafft werden?“
- „Wie kann man Gewalt in der Schule am besten vorbeugen?“
- „Zu welchen Zwecken sollten Computer im Schulunterricht eingesetzt werden?“

Aufbau einer linearen Erörterung

1. Einleitung:
   - Aktualität/Bedeutsamkeit der Problematik
   - Klärung der Fragestellung
2. Hauptteil:
   - Formulierung der eigenen These zur Fragestellung
   - Argumentation für die These:

   Argument 1
Argument 2 } zunehmende Wichtigkeit, Stützung durch Beispiele, Belege, Zitate
Argument 3
3. Schluss:
   - zusammenfassende, abschließende Stellungnahme
   - Ausblick

Pro-und-Kontra-Erörterung

Bei der häufigsten Form der freien Erörterung, der Pro-und-Kontra-Erörterung, geht es darum, Argumente und Gegenargumente zu einer These abzuwägen.
Die Themen sind bei der Pro-und-Kontra-Erörterung meist formuliert als:

- Behauptung: „Schuluniformen lassen soziale Unterschiede in den Hintergrund treten."
- Forderung: „Schuluniformen für unsere Schulen!"
- Entscheidungsfrage: „Sollten an deutschen Schulen Schuluniformen eingeführt werden?"

1. Schritt: Stoffsammlung für den Hauptteil einer Pro-und-Kontra-Erörterung

Im Hauptteil einer Pro-und-Kontra-Erörterung werden These und Gegenthese durch Argumente (Begründungen) gestützt. Als Vorarbeit für das Verfassen des Hauptteils sollte man zunächst nach Pro und Kontra geordnet Argumente notieren (möglichst auf einer Doppelseite im Heft).

Beispiel:

Thema (Forderung): In jede Schultasche gehört ein Laptop!

These *Ein eigener Computer verbessert die Lernchancen erheblich.*	*Gegenthese* *Ein eigener Computer verhilft nicht zu besseren Leistungen, sondern lenkt die Schülerinnen und Schüler ab.*
Argument 1 *Man kann besser an Informationen gelangen: In einer mit einem Funknetz ausgestatteten Klasse können sich die Schülerinnen und Schüler jederzeit ins Internet einklinken oder über CD-ROMs gezielt Informationen einholen.*	*Argument 1* *Schülerinnen und Schüler finden fertig aufbereitete Informationen vor und müssen nicht mehr selbst Mühe aufwenden, um ihre Ergebnisse zusammenzustellen. Für Referate werden Informationen oft unverändert aus dem Internet übernommen.*
Argument 2 *Ein Modellversuch an sechs Hamburger Schulen hat gezeigt, dass Schülerinnen und Schüler mit diesem Unterricht gut zurechtkamen.*	*Argument 2* *Die Beschäftigung mit Fragen der Technik und mit den Computerproblemen lenkt von einer Auseinandersetzung mit den Inhalten ab.*
Argument 3 ...	...

Eine andere Möglichkeit der Ideensammlung bietet das **Brainstorming:** Man schreibt in die Mitte eines großen Blattes das Thema und kreist es ein, auf dem Blatt verstreut und ungeordnet schreibt man dann alles auf, was einem dazu in den Sinn kommt (Stichworte!).
Man kann auch einen ▶ **Cluster** anlegen: Man schreibt zu einem Stichwort weitere, die zu ihm passen, und verbindet diese Wörter zur Verdeutlichung des Zusammenhangs durch Linien miteinander. ▶ S. 130
Die ▶ **Mind-Map** geht noch einen Schritt weiter: Sie „hierarchisiert" die Stichworte, d. h., die Stichworte werden von innen (Thema) nach außen immer konkreter. ▶ S. 131

2. Schritt: Den Aufbau planen

Der Aufbau eines Erörterungsaufsatzes folgt grundsätzlich der Dreiteilung **Einleitung – Hauptteil – Schluss.**
In der Regel gliedert sich die Darlegung der Argumente im Hauptteil in zwei Blöcke: einen Pro- und einen Kontra-Teil. Bevor du den Hauptteil ausformulierst, musst du dich für Pro oder Kontra entscheiden, denn die Argumente für die eigene Position stellst du ans Ende des Hauptteils, weil die zuletzt genannten Begründungen dem Leser besser im Gedächtnis bleiben.
Innerhalb des Pro- bzw. Kontra-Blocks geht man in der Regel folgendermaßen vor: Bei der Darstellung der Gegenposition beginnt man mit dem stärksten Argument und geht Schritt für Schritt zu schwächeren Argumenten über. Bei der Darlegung der eigenen Position fängt man mit dem schwächsten Argument an und lässt dann immer gewichtigere folgen.

Aufbau einer Pro-und-Kontra-Erörterung im Block

1. Einleitung:
Aktualität/Bedeutsamkeit der Problematik,
Verdeutlichung von These und Gegenthese

2. Hauptteil:

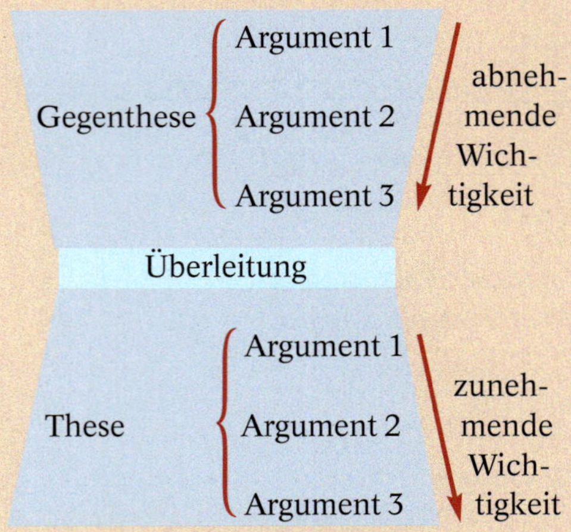

3. Schluss:
Abwägung und eigene Entscheidung, Ausblick

3. Schritt: Einleitung und Schluss konzipieren

Schwierigkeiten beim freien Erörtern bereitet vielen der Einstieg in das Thema. In der **Einleitung** zu einem Erörterungsaufsatz wird das Thema erläutert und auf die Aktualität bzw. Bedeutsamkeit der Problematik aufmerksam gemacht. Oft muss man in der Einleitung Schlüsselbegriffe der Themenstellung genauer klären:

Thema: In jede Schultasche gehört ein Laptop!

Will man in der Schule Computerkenntnisse erwerben, hat man mit etlichen Schwierigkeiten zu kämpfen: Es gibt nur wenige Computerräume, die man Wochen im Voraus reservieren muss. Nur ein Teil der Schülerinnen und Schüler hat einen eigenen Rechner zu Hause, diese sind oft von ganz unterschiedlicher Qualität. Die Vorkenntnisse sind entsprechend gering.
Die Fähigkeit, mit Computerprogrammen wie selbstverständlich umzugehen, wird allerdings von der Gesellschaft gefordert, vor allem von der Wirtschaft, in der die Schulabgänger/-innen ja einmal eine Anstellung finden sollen.
Die Empfehlung „In jede Schultasche gehört ein Laptop!" liegt daher nahe.
„Laptops" oder „Notebooks" sind transportable, aber recht leistungsfähige PCs.
Allerdings gibt es etliche, die dieser Empfehlung nur kopfschüttelnd gegenüberstehen und der Ansicht sind, dass der Einsatz von Laptops im Unterricht nur vom Lernen ablenke ...

In der Einleitung zu einer Pro-und-Kontra-Erörterung werden die konkurrierenden gegensätzlichen Positionen zur behandelten Frage aufgezeigt. In der Regel geschieht dies, indem man am Ende der Einleitung These und Gegenthese verdeutlicht.
Auch zu Themen, die nicht von vornherein als Behauptung formuliert sind, kann man These und Gegenthese bilden, z. B.:

- Forderung: „Pkw-Führerschein schon ab 17!"
- These: „Jugendliche sollten schon ab 17 den Pkw-Führerschein machen können."
- Gegenthese: „Jugendliche sollten noch nicht mit 17 den Pkw-Führerschein machen können."

Im **Schlussteil** der Erörterung wägt man die im Hauptteil vorgebrachten Argumente kurz gegeneinander ab und trifft die Entscheidung (eventuell mit Einschränkung) für die Pro- oder Kontra-Position. Die Abwägung sollte knapp gehalten werden und nicht die Argumente des Hauptteils wiederholen oder ergänzen. Abschließend kann man die im Hauptteil ausgeführten Gedanken in einen größeren Zusammenhang stellen (Prognose, Ausblick, Hoffnung usw.).

Wenn ich die Argumente für und gegen die Empfehlung des eigenen transportablen Computers überblicke, scheint es mir klar, dass die Entwicklung dorthin nicht mehr aufzuhalten ist. Die Möglichkeiten des Computers sind so umfassend, dass eine moderne Schule darauf nicht verzichten kann. Allerdings sind einige Gegenargumente nicht völlig von der Hand zu weisen: Vor allem das Kostenargument ist meines Erachtens sehr gewichtig. Nicht zu unterschätzen bleibt auch die kritische Frage, ob Schülerinnen und Schüler überhaupt noch Bücher „am Stück" lesen können oder wollen, wenn sie alles in „Häppchen" auf ihrem Rechner serviert bekommen. Diese Fähigkeit sollte auf keinen Fall verloren gehen.
Der Laptop in der Schultasche als Erweiterung der schulischen Möglichkeiten, nicht als Ersatz der bisherigen – dieser Empfehlung schließe ich mich an.

Einleitung und Schluss sollten jeweils nicht mehr als ein Fünftel der gesamten Erörterung ausmachen.

4. Schritt: Die Erörterung verfassen

Beim **Aufbau einer Argumentation** kann man unterschiedlich vorgehen:

Möglichkeit 1: Die Kernaussage (These) steht am Anfang, die stützenden Argumente folgen (Konjunktionen: *weil, denn*).
Beispiel: *Ein eigener Computer verbessert die Lernchancen erheblich, weil der Zugriff auf Informationen schneller möglich ist als mit einem Buch.*

Möglichkeit 2: Die Kernaussage (These) steht am Ende, die stützenden Argumente führen zu ihr hin (Adverbien: *deswegen, deshalb, daher* usw.).
Beispiel: *Der Zugriff auf Informationen ist mit einem eigenen Computer vielfältiger und schneller möglich als mit einem Buch, deshalb verbessert der eigene Laptop die Lernchancen erheblich.*

Man sollte darauf achten, den Zusammenhang zwischen den einzelnen Abschnitten seines Textes deutlich zu machen. Man kann dazu Konjuktionen und Adverbien verwenden (*aber, dagegen, einerseits – andererseits; außerdem, darüber hinaus, schließlich …*) oder Wendungen wie *„ein weiterer Gesichtspunkt ist …", „allerdings spricht dagegen, dass …", „weitaus wichtiger ist …"*

Textgebundene Erörterung

Eine textgebundene Erörterung geht von einer Textvorlage aus, z. B. von einem Zeitungstext, der eine strittige Frage behandelt oder ein Problem diskutiert.
Im Unterschied zur freien Erörterung musst du bei der textgebundenen Erörterung zunächst die Textvorlage erschließen und den Gedankengang des Textes zusammenfassend wiedergeben: Du benennst das behandelte Problem, referierst die zentralen Thesen und gibst erläuternd die Argumentation des Verfassers/der Verfasserin wieder.
Anschließend setzt du dich mit dem Gedankengang des Textes auseinander, zum Beispiel, indem du die referierte Stellungnahme durch weitere Argumente stützt oder die vorgebrachten Behauptungen argumentativ entkräftest bzw. weiter differenzierst.
Die kritische Auseinandersetzung mit dem Text kann dabei dem Prinzip der Pro-und-Kontra-Erörterung oder dem der linearen Erörterung entsprechen.

Aufbau einer textgebundenen Erörterung

1. Einleitung:
- Hinweis auf die Textvorlage: Nennung von Titel, Verfasser/-in, Quelle (Zeitung, Werk …)
- Benennung des im Text behandelten Problems
- knappe Darlegung der vorgebrachten Hauptthesen/Forderungen

2. Hauptteil:
- Wiedergabe und Erläuterung der Argumentation des Verfassers/der Verfasserin
- kritische Auseinandersetzung mit dieser Argumentation

3. Schluss:
Abwägung und eigene Stellungnahme

▶ S. 83–85 Für das Referieren von Gedanken aus der Textvorlage verwendet man in der Regel die ▶ **indirekte Rede** oder die Umschreibung mit eigenen Worten. Zur Wiedergabe einzelner wichtiger Formulierungen nutzt man das ▶ **Zitat.** ▶ S. 118–119

1.6 Kreatives Schreiben

Schreibverfahren

Automatisches Schreiben ist ein Verfahren, fließend Assoziationen aufzuschreiben. Ohne den Stift abzusetzen und über das Geschriebene nachzudenken, wird ca. fünf Minuten durchgeschrieben. So kann man an Unbewusstes, Rätselhaftes, Zufälliges in der eigenen Gedankenwelt gelangen. Wenn die Gedanken nicht mehr fließen, wird die Schreibbewegung durch Kringel auf dem Papier fortgesetzt, bis aus den Kringeln wieder Wörter werden. Satzbau, Zeichensetzung und Rechtschreibung sind beim Schreibprozess zunächst nebensächlich; der Text kann später überarbeitet werden.

Erzählstrukturen verändern: Mit den vorgegebenen Elementen eines Textes kann man experimentieren, indem man

- die Reihenfolge der Handlungsschritte ändert,
- eine Handlung vom Ende her erzählt oder
- eines der Grundelemente Personen, Ort, Zeit, Handlung unerwartet durch ein fantastisches Element ersetzt:

> Letzten Montag, als ich zur Schule fuhr, öffnete der Bus an der vorletzten Haltestelle wie üblich seine Türen und Massen von Schülern strömten in sein Inneres. Wie jeden Montag stoppte der Bus auch an der nächsten Straßenkreuzung und die Fahrgäste öffneten ihre Münder. In die aufgesperrten Mäuler strömten die Busse, um dort hin und her zu fahren …

Den Stil eines Textes/die Textart verändern: Durch Variation des Stils kann man ein und dasselbe Erlebnis in unterschiedlicher Form darstellen. Je nach beabsichtigter Wirkung verändert man z. B. Erzählperspektive, Wortwahl, Satzbau oder Tempusgebrauch. Dabei kann man

- einzelne Episoden aus einer veränderten Sicht erzählen oder
- den Text in eine andere Textsorte umwandeln (Dialog, Bericht, Krimi, Gedicht …).

Das sind grünschwarze Tümpel, von Weiden überhangen, von Wasserjungfern übersurrt, das heißt: wie Tümpel und kleine Weiher, und auch große Weiher ist es anzusehen, und es ist doch nur Donauwasser, durch Steindämme abgesondert vom großen, grünen Strom. Altwasser, wie man es nennt …

(Georg Britting: Brudermord im Altwasser)

„Wie, sagst du, sind diese Tümpel?" – „Grünschwarz und ganz von Weiden überhangen." – „Gibt es dort Tiere?" – „Ja, Wasserjungfern, große Libellen." – „Wieso eigentlich Tümpel, ist es denn nicht der Fluss?" – „Natürlich, es ist Donauwasser, abgetrennt vom großen, grünen Strom." – „Also ein Altwasser?" – „Ja, Altwasser, durch Dämme abgesondert und wie große Weiher anzusehen."

Zeilen umbrechen: Zunächst werden in einem Text (A), zum Beispiel in einem, der deine eigenen Assoziationen zu einem Bild wiedergibt, alle entbehrlichen Füllwörter gestrichen. Von dem ursprünglichen Text soll nur wenig Wortmaterial übrig bleiben (B). Mit dem neuen Wortmaterial wird nun ein neuer Text (C) verfasst. Dazu wird zunächst eine Zeile auf ein neues Blatt geschrieben. Sie sollte nur aus einigen Wörtern bestehen und ein Schlüsselwort enthalten. Nun folgt darunter die nächste Zeile … Schließlich kann man mit weiteren sprachlichen Umstellungen experimentieren: Weglassen, Umstellen, Ergänzen von Wörtern.

René Magritte: Der Gesang des Veilchens (1951)

(A) Zwei Männer gehen
langsam, voneinander
abgewandt.
Sie tragen traditionelle
Kleidung: Mantel,
Anzug und Hut,
der rechte eine Melone.
Der linke Mann wendet
mir den Rücken zu, den
rechten sehe ich im Profil.
Da sie von derselben Farbe
wie die Umgebung – eine
Art Steinbruch – sind,
wirken sie auf mich wie
versteinert, wie in der
Bewegung angehalten,
eingefroren.
Der rechte Mann trägt in
seinem rechten Arm einen
Stein, der mit Kordel
verschnürt ist und wie ein
Paket wirkt.
Der linke hat seine Hände
lässig in den Mantel-
taschen …

(B) Männer gehen
langsam abgewandt
Mantel Hut
Rücken Profil
Steinbruch versteinert
eingefroren Stein
Paket lässig

(C)
Männer gehen
abgewandt
Mantel, Hut
Rücken
Profil – Steinbruch
versteinert eingefroren
Steinpaket
lässig?

Schreiben zu Bildern

Prosaskizzen: Jeder/jede schreibt zu je einer ausgewählten Bildfigur einen inneren Monolog, in dem die Figur ihre Wünsche, Erwartungen, Ängste ausdrückt. Passagen aus den verschiedenen Texten werden dann abwechselnd so kombiniert, dass ein neuer Text entsteht, in dem die Gedanken spannungsvoll nebeneinander stehen.
Variante: Als Beobachter/-in einer Bildsituation schreibt man aus der Ich-Perspektive, wie die Bildfiguren Kontakt miteinander aufnehmen. Auch der Einfluss der Körpersprache auf die Kommunikation wird beachtet. Der Ich-Erzähler lässt auch Erinnerungen einfließen, die durch das Beobachtete in ihm ausgelöst werden.

Vorgeschichten und Dialoge zu Bildsituationen entwickeln: Eine im Bild dargestellte Situation könnte eine Vorgeschichte haben, aus der sich eine Erzählung entwickeln lässt. Man gibt jeder Bildfigur einen Namen und notiert, was sie denken könnte. Schließlich lässt man die Figuren miteinander in ein Gespräch über ihre Situation treten.
Um ein besonders lebendiges sprachliches Bild mit eindringlicher Atmosphäre entstehen zu lassen, sollten Gedanken und Gefühle (aus der Ich-Perspektive) genau geschildert werden. Dabei sind besonders die Sinneswahrnehmungen wichtig: Sehen, Hören, Spüren, Riechen und Schmecken.

Eine Bildsituation in einen Handlungsablauf umwandeln: Für jeden Gegenstand oder jede Figur eines Bildes kann man sich mögliche zurückliegende oder noch bevorstehende Ereignisse ausdenken und diese schließlich in Verbindung miteinander bringen. Dazu kann man zunächst einen Bogen Transparentpapier über ein Bild legen und darauf alle Elemente des Bildes an der Stelle, an der sie durchscheinen, mit einem kurzen Kommentar bezeichnen. Aus dem Wortmaterial werden dann Sätze entwickelt und schließlich verknüpft man die Ereignisbereiche zu einer Handlung.

Edward Hopper: Hotel am Bahndamm (1952, Öl auf Leinwand, 80 x 102 cm)

Filmdialog: Das Bild wird wie ein Standfoto aus einem Film wahrgenommen: Zunächst wird ein Exposé (eine Handlungsskizze) zu diesem Film verfasst. Dann wird zu der Filmszene, der das Standfoto entnommen ist, ein dramatischer Dialog mit Regieanweisungen geschrieben.

Produktionsorientiertes Schreiben zu Texten ▶ S. 45

2 Umgang mit Texten und Medien

2.1 Erzählende Literatur

▶ S. 34–40, 41–44
▶ S. 30–31

Die erzählende Literatur (Epik) ist neben ▶ **Lyrik** und ▶ **Dramatik** eine der drei literarischen Großgattungen. Kennzeichnend für epische Texte ist es, dass den Leserinnen und Lesern eine Geschichte von einem fiktionalen (erfundenen) ▶ **Erzähler** präsentiert wird, der nicht mit dem Autor oder der Autorin verwechselt werden darf, sondern der mehr oder weniger deutlich als Figur der Erzählwelt in Erscheinung tritt.
Innerhalb der erzählenden Literatur kann man verschiedene Textarten unterscheiden:

Textarten

	Autoren/Titel
Anekdote Eine Anekdote ist eine kurze, meist witzige Geschichte zur scharfen, blitzlichtartigen Charakterisierung einer bekannten Persönlichkeit. Gegenstand der Anekdote können aber auch gesellschaftliche Gruppen, Charaktertypen oder denkwürdige Ereignisse sein.	**Johann Peter Hebel:** *Schatzkästlein des rheinischen Hausfreundes* (1811) **Heinrich Böll:** *Anekdote zur Senkung der Arbeitsmoral* (1963)
Erzählung Sammelbegriff für unterschiedliche Kurzformen des Erzählens, die nicht genauer durch bestimmte Textmerkmale gekennzeichnet sind. Im Unterschied zum **Roman** ist die Erzählung knapper und überschaubarer.	**Siegfried Lenz:** *Lukas, sanftmütiger Knecht* (1958)

Autoren/Titel

Fabel
In der Fabel handeln und sprechen zumeist Tiere. Viele dieser Tierfiguren verkörpern feststehende menschliche Charaktereigenschaften: Der Fuchs gilt als schlau, der Esel als dumm, der Löwe als mächtig, der Wolf als gierig. Die Tiere sind häufig Gegner (Fuchs und Rabe, Wolf und Lamm, Löwe und Esel), der Stärkere oder der Listigere siegt. Aus Fabeln soll man Lehren für das eigene Verhalten gegenüber anderen Menschen ziehen. Fabeln können wie Gedichte in Versen oder aber in Prosa (als kurze Erzählung) geschrieben sein.

Äsop:
Was du tust, wirst du erleiden
Martin Luther:
Untreue. Vom Frosch und der Maus
Gotthold Ephraim Lessing:
Die Wasserschlange
Johann Wolfgang Goethe:
Die Frösche
Franz Kafka:
Kleine Fabel (1931)

Kalendergeschichte
Wie der Name schon sagt, wurden diese Geschichten ursprünglich für die Kalender geschrieben, die in früheren Jahrhunderten neben der Bibel häufig das einzige Druckerzeugnis in vielen Haushalten waren. Es handelt sich um kurze, überschaubare Erzählungen, die unterhalten und belehren sollten. Meist geht es in ihnen um merkwürdige, witzige oder auch nachdenklich stimmende Begebenheiten, die der Autor irgendwo aufgeschnappt oder in einer Zeitschrift, einem Magazin oder einem Geschichtsbuch gelesen hat und die er nun für seinen Kalender ausgestaltet. Der bekannteste Kalendergeschichtenschreiber ist Johann Peter Hebel (1760 bis 1826).
In neuerer Zeit hat Bertolt Brecht (1898 bis 1956) die Tradition der Kalendergeschichte wieder aufgegriffen; allerdings wurden seine Geschichten nicht mehr für einen Kalender geschrieben, sondern für eine Veröffentlichung in Buchform.

Johann Peter Hebel:
Schatzkästlein des rheinischen Hausfreundes (1811)
Bertolt Brecht:
Kalendergeschichten (1949), z.B. *Herrn K.s Lieblingstier*

Kurzgeschichte
Der Name Kurzgeschichte ist eine Übersetzung des amerikanischen Begriffs „Short Story". Die ersten deutschen Kurzgeschichten entstanden nach dem Zweiten Weltkrieg und behandeln Themen der Kriegs- und Nachkriegszeit. Später behandelt die Kurzgeschichte entscheidende Situationen im menschlichen Leben. Obwohl die Kurzgeschichten in Form und Darstellungsweise beträchtlich variieren, kann man gewisse gemeinsame Tendenzen feststellen: Kürze, Konzentration auf einen Geschehensausschnitt, Wechsel zwischen Erzählerbericht und Figurenrede (direkter oder indirekter Rede), unvermittelter Anfang, Nähe zur Alltagssprache, Mehrdeutigkeit.

Wolfgang Borchert:
Das Holz von morgen (1946)
Gabriele Wohmann:
Denk immer an heut Nachmittag (1963)
Josef Reding:
Apotheke Vita Nova (1960)

	Autoren/Titel
Märchen Märchen sind fantastisch-wunderbare, frei erfundene Geschichten, die keinen namentlich bekannten Autor haben. Sie sind lange vor der Zeit des Buchdrucks entstanden und von Generation zu Generation weitererzählt worden. Später haben Schriftsteller und Literaturwissenschaftler diese Märchen gesammelt und aufgeschrieben. Die berühmteste Märchensammlung stammt von den Brüdern Jacob (1785–1863) und Wilhelm Grimm (1786–1859). Die Figuren werden im Märchen nur in einigen für die Handlung wesentlichen Eigenschaften vorgestellt (Gut-böse-Schema). Ort und Zeit sind nicht näher bestimmt. Das Handlungsschema ist oft so, dass die Heldin/der Held eine Reihe von Aufgaben bewältigen muss (häufig sind es drei) und am Ende eine Belohnung gewinnt („Happy End"). Übernatürliche Mächte (Gott, Teufel, Hexen, Feen, mit magischen Kräften ausgestattete Tiere usw.) greifen wie selbstverständlich ins Alltagsleben ein.	**Jacob und Wilhelm Grimm:** *Fundevogel,* *Die Sterntaler,* *Die zwei Brüder* **Bertolt Brecht:** *Märchen* (1967) **aus der Türkei:** *Das Töpfchen* **aus Siebenbürgen:** *Die Königstochter in der Flammenburg*
Novelle (von italienisch *novella* = Neuigkeit) Die Novelle ist eine relativ kurze, in straffer Form erzählte dramatische („unerhörte") Begebenheit, die im Gegensatz zum Märchen (s. o.) einen deutlichen Wirklichkeitsbezug hat.	**Theodor Storm:** *Der Schimmelreiter* (1888) **Gottfried Keller:** *Die Leute von Seldwyla* (1856/74) **Günter Grass:** *Katz und Maus* (1961)
Parabel Parabeln haben lehrhaften Charakter und enthalten meist eine allgemeine Erkenntnis oder Lebensweisheit, die durch Übertragung des dargestellten konkreten Ereignisses auf einen anderen Sachverhalt/eine andere Situation erschlossen werden kann.	**Franz Kafka:** *Im Tunnel,* *Heimkehr* (1920) **Bertolt Brecht:** *Herr Keuner und die Flut*
Parodie Unter einer Parodie versteht man die gezielte Umwandlung eines bestehenden Textes in ▶ satirischer Absicht. Die Parodie ahmt bestimmte Formmerkmale eines Textes nach, übertreibt sie oder füllt sie mit anderen Inhalten, wobei der Ursprungstext weiterhin erkennbar bleibt. Parodien sind nur dann als solche zu identifizieren, wenn der parodierte Ursprungstext den Lesern/Leserinnen bekannt ist.	**Erich Kästner:** *Kennst du das Land, wo die Kanonen blühn* (1928)

▶ S. 27

Autoren/Titel

Roman

Romane sind Prosatexte größeren Umfangs, in denen meist vielschichtige Lebenszusammenhänge dargestellt werden. Um zahlreiche Figuren ranken sich Haupt- und Nebenhandlungen. Der Roman ist die heute vorherrschende literarische Gattung.
Es gibt vielfältige Arten des Romans, die sowohl der Form nach (Briefroman, Collageroman …) als auch dem Inhalt nach (Detektivroman, Großstadtroman …) unterschieden werden.

Johann Wolfgang Goethe: *Die Leiden des jungen Werthers* (1774)
Joseph von Eichendorff: *Ahnung und Gegenwart* (1811)
Thomas Mann: *Buddenbrooks* (1901)
Ulrich Plenzdorf: *Die neuen Leiden des jungen W.* (1972)
Leonie Ossowski: *Die große Flatter* (1977)
Jan de Zanger: *Dann eben mit Gewalt* (1987)
Arthur Golden: *Die Geisha* (1998)

Sage

Sagen sind ursprünglich auf mündlicher Überlieferung beruhende kurze Erzählungen fantastischer Ereignisse. Im Gegensatz zum ▶ Märchen sind Sagen meist an einen ganz bestimmten Ort gebunden und auch zeitlich festgelegt.

▶ S. 26

Gustav Schwab: *Die schönsten Sagen des klassischen Altertums,* z. B. *Auf Kirkes Insel* (1838–40)
Günter de Bruyn: *Die Königin hilft Tristan* (1975)

Satire

Als Satire bezeichnet man eine Spottdichtung, die Kritik an menschlichen Schwächen und Lastern oder gesellschaftlichen Missständen übt. Sie betrachtet Verhaltensweisen und Zustände von einem wertenden Standpunkt aus und bringt die Leser/-innen dazu, auf kritische Distanz zum Dargestellten zu gehen. Häufig eingesetzt werden sprachliche Mittel wie die Über- oder Untertreibung, Ironie, Mehrdeutigkeit, Situationskomik, Metaphern, Vergleiche und ein auffälliger Satzbau.
Die Satire ist in allen literarischen Gattungen möglich. Verwandt ist sie mit der Karikatur, in der insbesondere zeichnerische Elemente einen satirischen Effekt erzielen, und mit der ▶ Parodie.

▶ S. 26

Kurt Tucholsky, Erich Kästner: Satirische Gedichte und Kurzprosa
Friedrich Dürrenmatt: *Der Besuch der alten Dame* (1956, satirische Komödie)
Heinrich Böll: *Anekdote zur Senkung der Arbeitsmoral* (1963)
Gerhard Zwerenz: *Nicht alles gefallen lassen* (1972)

Erzählende Texte erschließen

Inhaltsangabe

Die Inhaltsangabe ist ein wichtiger Bestandteil von Aufsätzen über literarische Texte. In ihr vergewissert sich der Leser/die Leserin über die wesentlichen Aussagen des Textes und das eigene Textverständnis.

Folgende Vorarbeiten erleichtern das Schreiben einer Inhaltsangabe:

- beim ersten Lesen Wichtiges markieren
- Stichworte formulieren
- die W-Fragen beantworten
  (Wer? – Was? – Wo? – Wann? – Wie? – Warum?)
- den Text noch einmal lesen
- den Text in Sinnabschnitte gliedern

Merkmale der Inhaltsangabe

1. Einleitungssatz:
   Name des Autors/der Autorin, Textsorte (Gedicht, Erzählung ...), Titel, Thema
2. Wiedergabe wesentlicher Erzählschritte (keine Nacherzählung des Textes)
3. Präsens
4. keine wörtliche Rede verwenden
5. den Inhalt mit eigenen Worten wiedergeben
6. sachlich und knapp formulieren

Beispiel:

Inhaltsangabe
Annette von Droste-Hülshoff:
Der Knabe im Moor

In Annette von Droste-Hülshoffs Ballade „Der Knabe im Moor" geht es um ein Kind, dessen Weg durch eine Moor- und Heidelandschaft führt.
Geräusche und Anblicke im Moor schüren die Angst des Jungen. Er glaubt unheimliche Gestalten wahrzunehmen, die er aus Erzählungen kennt: den „Gräberknecht" (Strophe 2), die „Spinnlenor'" (Strophe 3), den „diebischen Fiedler Knauf" (Strophe 4), die „verdammte Margret" (Strophe 5). Die Angst des Kindes wird im Verlaufe des Weges immer stärker. Als der Junge das Moor schließlich wohlbehalten durchquert hat, blickt er noch einmal mit Erleichterung auf die Landschaft zurück und erinnert sich an sein Grausen.

Charakterisierung

Die Charakterisierung beschreibt eine Figur aus einem literarischen Werk möglichst genau. Dabei geht man von einschlägigen Textstellen aus, in denen wichtige Eigenschaften der Figur durch ihr Verhalten indirekt charakterisiert werden oder in denen andere Figuren des Werks Aussagen über die entsprechende Person machen.

Bei der ausformulierten Personencharakterisierung sollte man nur solche Eigenschaften benennen, die eine Figur vermutlich auf Dauer auszeichnen, nicht aber Verhaltensweisen, die durch eine besondere Situation bedingt sind. Folgende Gesichtspunkte können bei einer Charakterisierung einbezogen werden:

Die Mutter Courage aus Bertolt Brechts gleichnamigem Drama, gespielt von Helene Weigel in Berlin 1949

zu charakterisierende Person *(Beispiel: Mutter Courage)*

äußeres Erscheinungsbild/besondere Merkmale (z. B. Sprache); typische Tätigkeiten und Verhaltensweisen
- *Dialekt, Sprachwitz, Schlagfertigkeit*
- *Lust zu feilschen*
- …

Lebensumstände (Herkunft, Stand, Vorgeschichte usw.)
- *verworrene Familienverhältnisse*
- *aus ärmlichen Verhältnissen*
- *Marketenderin im Dreißigjährigen Krieg*

Verhältnis zu den Mitmenschen
- *Durchsetzungskraft*
- *Misstrauen*
- *Ausnutzen der Schwächen ihrer Mitmenschen*
- …

Vorlieben/Gedanken/Gefühle/Eigenschaften
- *Bauernschläue*
- *„Muttertier"*
- *„Hyäne des Schlachtfeldes"/Gewinnsucht*
- *Überlebensinstinkt*
- *Wendigkeit/Härte*
- …

Einstellungen/Absichten/Motive
- *Verfolgung des kommerziellen Vorteils*
- *Bewahrung der Familie*
- …

Tempus der Charakterisierung ist das **Präsens.** Eine besonders ausführliche Form der Personencharakterisierung ist das literarische **Porträt.**

Vorbereitung einer schriftlichen Interpretation

Zur Vorbereitung einer schriftlichen Interpretation eines Erzähltextes geht man zunächst von einem vorläufigen ersten Textverständnis aus. In einem zweiten Schritt können folgende Analyseaspekte in den Blick genommen werden:

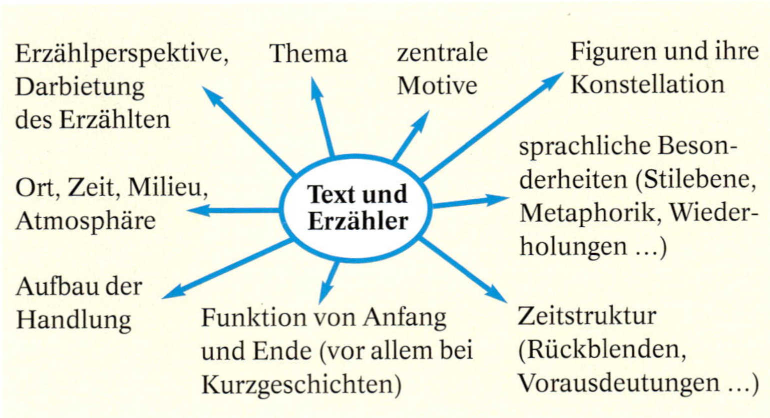

Erzählweise untersuchen

Ein wesentliches Merkmal für einen epischen (erzählenden) Text ist der **Erzähler**/die **Erzählerin,** der/die nicht mit dem Autor/der Autorin gleichgesetzt werden darf. Ein erwachsener Autor kann zum Beispiel eine Geschichte von einem Kind, ein männlicher Autor von einer Frau erzählen lassen oder umgekehrt. Immer ist der Erzähler/die Erzählerin eine vom Autor erfundene Figur und gehört zur Welt der erzählten Geschichte.

Um sich bei der Interpretation eines epischen Textes ein möglichst genaues Bild vom Erzähler und der Erzählweise zu machen, können folgende Aspekte berücksichtigt werden:

Merkmale des Erzählens	**Definition/Erklärung**	**Beispiele**
1. Erzählperspektive a) Er-/Sie-Form	Der Erzähler tritt als Person ganz in den Hintergrund, sodass die Leser und Leserinnen nichts oder kaum etwas über seinen Charakter und sein Leben erfahren. Der Erzähler ist Vermittler der Geschichte und erscheint hauptsächlich in Kommentaren zum Erzählten. Ein Erzähler, der die Figuren sowohl von außen beobachten als auch ihr Inneres schildern kann, wird „allwissender Erzähler“ genannt.	*Es war der „Chef“, der um elf das Krankenzimmer betrat und etwas verlegen am Bett des Alten Platz nahm, ohne den Wintermantel abzulegen, den Hut in der Hand. Bärlach wusste, was dieser Besuch bedeuten sollte …* (Friedrich Dürrenmatt: Der Verdacht)
b) Ich-Form	Der Erzähler/die Erzählerin erscheint gleichzeitig als erlebende und erzählende Person. Dabei kann zwischen dem erlebenden und dem erzählenden Ich ein großer oder kleiner Abstand bestehen, je nachdem, ob der Ich-Erzähler unmittelbar aus der dargestellten Situation heraus erzählt oder später mit zeitlichem Abstand auf die Situation zurückblickt.	*„Dein Vater kommt! Zieh dich an, wir müssten schon längst weg sein“, sagte meine Mutter. „Freitag“, dachte ich, endlich war die Woche wieder fast vorbei. Zwei freie Tage ohne Putzjob am Nachmittag lagen vor mir …* (König/Straube/Taylan: Oya)

Merkmale des Erzählens	Definition/Erklärung	Beispiele
2. Außensicht/ Innensicht Außensicht	Der Erzähler beobachtet eine Figur von außen und stellt nur ihr Äußeres/ihr Verhalten dar.	*Bienzle stemmte sich aus seinem Sessel heraus und ließ langsam den Zigarillo vom linken in den rechten Mundwinkel wandern. … Bienzle umrundete seinen Schreibtisch und klopfte dem Untergebenen jovial auf die Schulter.* (Felix Huby: Barfuß im Sand)
Innensicht	Der Erzähler gibt Gedanken/ Gefühle einer Person wieder.	*Abends, unmittelbar vor dem Einschlafen, denkt Anita: Neid ist grau mit gelben Punkten. Das kommt ihr vor wie eine Zeile aus einem Gedicht.* (Cili Wethekam: Neid ist grau mit gelben Punkten)
3. Formen der Darbietung		(alle folgenden Beispiele aus: Renate Welsh: Was geht's dich an?)
• direkte Rede	Gespräche werden wie bei kleinen Dramenszenen in direkter Dialogform wiedergegeben und stehen meistens in Anführungszeichen.	*„Hör auf, du siehst doch, es sind Kinder im Wagen …“*
• indirekte Rede	Wiedergabe im Konjunktiv bzw. durch redeeinleitende Sätze; hier kann der Erzähler wieder etwas stärker in den Vordergrund treten.	*Hemma … erklärte mit lauter Stimme, … ich solle doch daran denken, dass der arme Mann wahrscheinlich eine ganz schreckliche Kindheit gehabt habe …*
• innerer Monolog	Wie die erlebte Rede (s. u.) eine im modernen Erzählen häufig angewandte Technik der Wiedergabe von Gedanken, Gefühlen usw. in der 1. Person (Ich-Form)	*Wer würde auf uns hören? Trotzdem müssten wir etwas sagen. Wir sind doch nicht auf den Mund gefallen.*
• erlebte Rede	Wiedergabe von Gedanken, Gefühlen wie in einem inneren Monolog (s. o.), allerdings in der 3. Person (Er-/Sie-Form)	*Es war nicht möglich, dass Hemma resignierte. Nicht Hemma, sie doch nicht. Dann schon eher Doris selbst …*

Ausarbeitung einer schriftlichen Interpretation

Aufbau	Merkmal	Beispiele
A) Einleitung	Angaben zu Autor/-in und Titel; Inhalt in einem Satz	In ihrer Kurzgeschichte „Denk immer an heut Nachmittag" schildert Gabriele Wohmann die gestörte Beziehung zwischen einem Vater und seinem Sohn.
B) Hauptteil	Aufbau; Funktion von Anfang und Ende	Die Handlung setzt unvermittelt mit … ein. Den Mittelteil der Kurzgeschichte bildet das Gespräch … während der Bahnfahrt. Im Schlussteil … Das offene Ende gibt einen Hinweis auf die einsetzende Distanzierung des Kindes …
	Ort, Zeit, Milieu, Atmosphäre	Die Bahnfahrt ereignet sich an einem grauen Spätnachmittag gegen Ende des Winters. Die ungemütliche Atmosphäre des Wintertages spiegelt die seelische Verfassung des Kindes.
▶ S. 118–119	Figuren und ihre Konstellation (Textbelege! ▶ Zitieren)	Im Mittelpunkt der Kurzgeschichte steht das Verhältnis zwischen Vater und Sohn. Die Mutter ist offensichtlich gestorben. Der berufstätige Vater erwähnt sie in einem kurzen Rückblick: „Vergiss nicht, wie lieb sie dich hatte" (Z. 53 f.). Auffällig sind die unterschiedlichen Redeanteile, die Appelle des Vaters, unausgesprochene Erwartungen, die Sehnsucht des Kindes nach Wärme …
	Erzählperspektive	Die Geschichte ist aus der Er-Perspektive erzählt. Viele Aussagen des Vaters sind in direkter Rede wiedergegeben … Der Junge sagt fast nichts, seine Gedanken werden aus der Innenperspektive wiedergegeben: „Er ließ den Ball sich höher hinaufschrauben …" (Z. 110 f.).

Aufbau	Merkmal	Beispiele
	Besonderheiten der Sprache (Textbelege! ▶ Zitieren)	*Das gestörte Verhältnis zwischen Vater und Sohn spiegelt sich auch in der Sprache des Vaters: Man findet eine beschönigende Sichtweise: „…“ (Z. …) und sehr viele Appelle: „…“ (Z. …). Zentral für die Gedanken des Jungen ist das Motiv des Balls, der als Metapher für die Situation des Kindes verstanden werden kann (Z. …). Hier zeigen sich Beziehungslosigkeit, Verlusterfahrung und Angst …*
	Thema/Intention, Bezug zum Titel der Kurzgeschichte	*In der Kurzgeschichte wird die Entfremdung zwischen zwei Menschen, die sich eigentlich nahe stehen, dargestellt. Die unausgesprochene Störung wird besonders in dem Appell des Vaters deutlich: „Denk immer an heut Nachmittag!“ …*
C) Schluss	kurze Bewertung des Textes	*Gabriele Wohmann ist es in ihrer Kurzgeschichte sehr gut gelungen, …*

▶ S. 118–119

2.2 Gedichte

Bertolt Brecht

Der Radwechsel

Ich sitze am Straßenrand
Der Fahrer wechselt das Rad.
Ich bin nicht gern, wo ich herkomme.
Ich bin nicht gern, wo ich hinfahre.
Warum sehe ich den Radwechsel
Mit Ungeduld?

Das bestimmende Merkmal aller lyrischen Texte (Gedichte) ist die gebundene Sprache in **Versen.** Die Zeilenenden sind nicht durch Schriftgröße und Papierformat bestimmt, sondern vom Verfasser bewusst gesetzt.

Lyrische Texte zeichnen sich im Gegensatz zur Alltagssprache außerdem dadurch aus, dass hier meist eine Vielzahl sprachlicher Gestaltungsmittel auf engstem Raum zusammentrifft.

Im Laufe der Jahrhunderte haben sich unter anderem folgende thematische Schwerpunkte herauskristallisiert:

- **Naturlyrik,** in welcher der Mensch in seinem Verhältnis zur Natur zur Sprache kommt
- **Großstadtlyrik,** die die moderne Großstadt zum Gegenstand hat, oft mit ihren für den Menschen bedrohlichen Aspekten (Anonymität, Hektik, Naturzerstörung usw.)
- **Erlebnislyrik,** die ein persönliches Erlebnis des Dichters literarisch ausgestaltet
- **Liebeslyrik**
- **Gedankenlyrik,** die allgemeine Sinnfragen in den Mittelpunkt stellt
- **politische Lyrik,** die politische Ideen oder Vorgänge häufig in verherrlichender oder gesellschaftskritischer Weise thematisiert

Neben den thematischen Schwerpunkten haben sich im Laufe der Zeit auch verschiedene Gedichtformen entwickelt:

Gedichtformen

	Merkmale/Definition	Autoren/Titel
Ballade	Der Name kommt aus dem Französischen, von spätlateinisch: *ballare* = „tanzen". Bei der Ballade handelt es sich um eine lange Gedichtform, deren Strophen meistens einem festen Metrum folgen. Es ist charakteristisch für die Ballade, dass in ihr handlungsreiche Geschichten erzählt werden, und dies häufig in dramatisch zugespitzter Form. Deshalb bezeichnet Goethe die Ballade als „Ur-Ei" der Dichtung, in der Episches, Lyrisches und Dramatisches noch untrennbar verbunden sind. Zur Ballade kann man auch das moderne Erzählgedicht rechnen, das in freier, teilweise prosanaher Form gestaltet ist.	**Johann Wolfgang Goethe:** *Erlkönig* **Annette von Droste-Hülshoff:** *Der Knabe im Moor* **Theodor Fontane:** *John Maynard*
Bänkelsang	Bänkelsänger traten auf Jahrmärkten oder Marktplätzen vor einem öffentlichen Publikum auf. Der dargebotene Vortrag aktueller Lieder (Begleitung durch Violine, Drehorgel, Laute) umfasste außergewöhnliche oder schauerliche Begebenheiten (▶ **Moritat),** wobei sich der Bänkelsänger auf eine kleine Bank („Bänkel") stellte und mit einem Zeigestock auf eine Tafel und die dort bildlich dargestellten Ereignisse hinwies. Im 20. Jahrhundert nehmen **Chanson, Folksong** und **Protestsong** die Formen des Bänkelsangs wieder auf.	
Konkrete Poesie	auch „konkrete Dichtung" oder „visuelle Poesie": Sprachliches Material (z. B. Buchstaben) wird visuell oder akustisch gestaltet.	**Ernst Jandl:** *ebbe/flut* **Eugen Gomringer:** *schweigen*
Lied	Das Lied ist ein einfach gebautes, in Strophen gegliedertes Gedicht mit relativ kurzen, gereimten Versen. Allerdings werden Reim und Metrum nicht unbedingt streng durchgehalten. Zuweilen ist ein **Refrain** (Kehrreim) zu finden, d. h. die regelmäßige Wiederholung eines Verses oder mehrerer Verse an einer bestimmten Stelle jeder Strophe.	Volkslieder

▶ S. 36

	Merkmale/Definition	Autoren/Titel
Moritat	Bei der Moritat handelt es sich um eine Spielart des ▶ **Bänkelsangs.** Typisch für die auf bekannte Melodien gesungene Moritat ist das belehrende Ende mit dem Sieg des Guten über das Böse, wobei ganz im Sinne der Obrigkeit die von Gott gewünschte und verbürgte Ordnung wiederhergestellt wird. Im 20. Jahrhundert wurde die Form der Moritat z. B. von Bertolt Brecht aufgegriffen.	
Sonett	Gedichtform, die in Italien entstanden ist. In der Grundform besteht ein Sonett aus zwei Quartetten (vierzeiligen Strophen) und zwei Terzetten (dreizeiligen Strophen). Das Reimschema ist in der Regel *abba abba cdc dcd.* Dem strengen äußeren Aufbau entspricht auch die inhaltliche Gliederung. Meist findet sich ein gedanklicher Einschnitt nach den Quartetten.	**Georg Heym:** *Vorortbahnhof Berlin*
Song	Eine oft politisch-aktuelle, zeitkritische bzw. lehrhafte Liedgattung; im angloamerikanischen Sprachgebrauch gleichbedeutend mit „Lied" (Folksong, Protestsong usw.). Typisch sind der Aufbau als Strophe und Refrain sowie die Aufnahme von Elementen aus Bänkelsang, Moritat, Schlager, Jazz usw.	**Wolf Biermann:** *Arbeitslos – Schöner Mai in Duisburg*

▶ S. 35

Formale Merkmale bei Gedichten

Vers: Als Vers bezeichnet man die Zeile eines Gedichts, deren Länge nicht wie in einem Prosatext von den Zufälligkeiten des Papierformats und der Schriftgröße abhängig ist, sondern deren Länge bewusst vom Autor bestimmt wird.

Strophe: Als Strophe bezeichnet man einen Gedichtabschnitt, der sich in der Regel aus mehreren Versen zusammensetzt und der durch einen Absatz von den folgenden Versen getrennt ist.

Reim: In manchen Gedichten werden die einzelnen Versen durch einen Endreim miteinander verbunden. Zwei Wörter reimen sich, wenn sie vom letzten betonten Vokal an gleich klingen, z. B. erhellend – schwellend. Die regelmäßige Abfolge von Endreimen ergibt verschiedene Reimschemata:

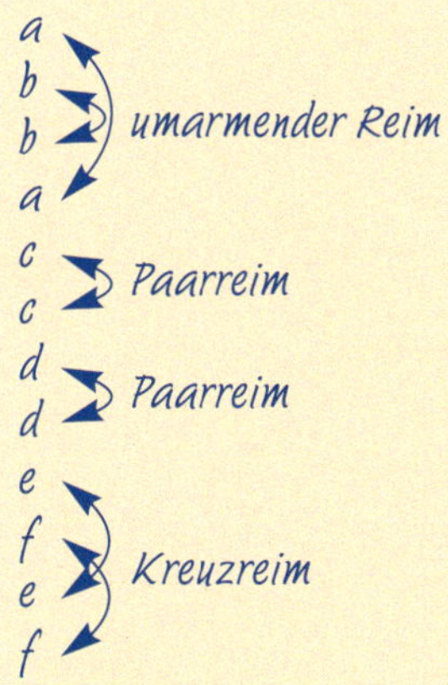

Annette von Droste-Hülshoff

Der Weiher

Er liegt so still im Morgenlicht,
So friedlich, wie ein fromm Gewissen;
Wenn Weste seine Spiegel küssen,
Des Ufers Blume fühlt es nicht;
Libellen zittern über ihn,
Blaugoldne Stäbchen und Karmin
Und auf des Sonnenbildes Glanz
Die Wasserspinne führt den Tanz;
Schwertlilienkranz am Ufer steht
Und horcht des Schilfes Schlummerliede;
Ein lindes Säuseln kommt und geht,
Als flüstre's: Friede! Friede! Friede!

Vom Endreim zu unterscheiden ist der **Binnenreim,** bei dem sich zwei Wörter innerhalb ein und desselben Verses reimen: „Wenn die *Meise leise* weint ..." (James Krüss).
Als **unreinen Reim** bezeichnet man den annähernden Gleichklang von Lauten, besonders von Vokalen, z. B. *Gewissen – küssen.*

Klangmalerei: Höreindrücke werden durch die lautliche Gestaltung wiedergegeben, z. B.: „Und hohler und hohler hört mans heulen ..." (Schiller: Der Taucher).

Metrum: Vom Sprechrhythmus her sind die Verse eines Gedichts häufig nach einem Metrum, auch Versmaß genannt, gegliedert. Es geht dabei darum, dass die Abfolge der betonten und unbetonten Silben einem bestimmten Schema folgt. Wechseln betonte und unbetonte Silben unmittelbar einander ab, spricht man von einem **alternierenden** Metrum. In Anlehnung an die antike Metrik lassen sich verschiedene Versmaße erkennen:

Versmaß/ Metrum	Schema	Beispiele
Jambus	x x́	x x́ x x́ x x́ x x́ x *Es schlug mein Herz geschwind zu Pferde* (Johann Wolfgang Goethe)
Trochäus	x́ x	x́ x x́ x x́ x x́ x x́ x x́ x x́ x x́ *Feuerwoge jeder Hügel/Grünes Feuer jeder Strauch* (Georg Britting)
Daktylus	x́ x x	x́ x x x́ x x x́ x x x́ x *Pfingsten, das liebliche Fest, war gekommen* (Johann Wolfgang Goethe) Eselsbrücke: x́ x x Daktylus
Anapäst	x x x́	x x x́ x x x́ *Wie mein Glück ist mein Leid* (Friedrich Hölderlin) Eselsbrücke: x x x́ Anapäst

Lyrisches Ich: Wie zu jedem Erzähltext ein Erzähler/eine Erzählerin gehört, so gehört auch zu jedem Gedicht eine Sprecherin/ein Sprecher, die/der nicht mit dem Autor oder der Autorin gleichzusetzen ist. Oft stellt sich dieser Sprecher als ein Ich – das so genannte lyrische Ich – vor, das seine Gefühle, Beobachtungen und Gedanken so mitteilt, dass die Leser/-innen sie mitempfinden können.

Moderne Lyrik: Viele zeitgenössische Gedichte verzichten auf traditionelle Formmerkmale wie Reimbindung und strenges Metrum.

Sprache des Gedichts: Die Sprache von Gedichten ist oft durch Vergleiche und Bilder (Metaphern) geprägt. Sie sind besonders dazu geeignet, Gefühle und Stimmungen auszudrücken oder eine bestimmte Atmosphäre entstehen zu lassen. So werden zur Darstellung von Liebe, Freude, Angst oder Einsamkeit z. B. oft Bilder aus dem Bereich der Natur verwendet.

Ulla Hahn
Nie mehr

Das hab ich nie mehr gewollt
um das Telefon streichen am Fenster stehen
keinen Schritt aus dem Haus gehen
Gespenster sehen
Das hab ich nie mehr gewollt

Das hab ich nie mehr gewollt
Briefe die triefen schreiben zerreißen
mich linksseitig quälen bis zu den Nägeln
Das hab ich nie mehr gewollt

Das hab ich nie mehr gewollt
Soll dich der Teufel holen.
Herbringen. Schnell.
Mehr hab ich das nie gewollt.

Vorbereitung einer Gedichtinterpretation

Zur Vorbereitung einer Gedichtinterpretation kann es sinnvoll sein, sich die wichtigsten Aspekte der Textanalyse und ihre Beziehungen untereinander in einer Übersicht vor Augen zu führen. Folgende Gesichtspunkte helfen bei der Analyse eines lyrischen Textes:

Gedicht

formaler Aufbau
- Gedichtform
- Strophenbau
- Reim
- Metrum

inhaltlicher Aufbau
- Überschrift
- Thema/Motiv
- Handlung
- lyrisches Ich/lyrisches Du?

sprachliche Gestaltung
- Schlüsselwörter
- Metaphern
- Vergleiche
- weitere rhetorische Mittel

Entstehungshintergrund
- zeitgeschichtliche Ereignisse
- Biografie des Autors/der Autorin

Ausarbeitung einer schriftlichen Gedichtinterpretation

Conrad Ferdinand Meyer

Zwei Segel

Zwei Segel erhellend
Die tiefblaue Bucht!
Zwei Segel sich schwellend
Zu ruhiger Flucht!

Wie eins in den Winden
Sich wölbt und bewegt,
Wird auch das Empfinden
Des andern erregt.

Begehrt eins zu hasten,
Das andre geht schnell,
Verlangt eins zu rasten,
Ruht auch sein Gesell.

In der schriftlichen Gedichtinterpretation werden die Ergebnisse der Textuntersuchung in einen schlüssigen zusammenhängenden Gedankengang gebracht (▶ S. 40).

Aufbau	Merkmale	Beispiele
A) Einleitung	Angaben zu Titel, Autor/-in, Textart, Thema	*Das Gedicht „Zwei Segel" von Conrad Ferdinand Meyer aus dem Jahr 1882 handelt von zwei Segeln, die zwei Liebende symbolisieren.* oder: *Das Gedicht „Zwei Segel", das Conrad Ferdinand Meyer im Jahr 1882 verfasst hat, lässt sich als Liebesgedicht verstehen, wobei Meyer die Gleichmäßigkeit der zwei Segel im Wind als Symbol für die Harmonie eines Liebespaares einsetzt.*
B) Hauptteil	Entfaltung der Interpretation unter **Verknüpfung** der formalen, sprachlichen und inhaltlichen Analyse. Zitate dienen dabei als Belege, um das eigene Textverständnis zu untermauern. (▶ Zitieren) ▶ S. 118–119	*... Das Metrum (Daktylus) entspricht dabei dem Inhalt insofern, als ein tänzerischer, leichter Rhythmus entsteht, der zur Leichtigkeit der Liebesbeziehung passt ...* *... Die in der zweiten Strophe auffällige Alliteration („Winden", „wölbt" und „bewegt") unterstützt den bewegten Rhythmus und macht deutlich, dass ein bewegtes Leben in Liebe gemeinsam und harmonisch gelebt werden kann ...* *... Dabei unterstützt der Kreuzreim, der alle drei Strophen strukturiert, das Ineinandergreifen der Bewegungen, also das Wechselspiel einer Liebe ...* *... Die Wortwahl verweist auf den menschlichen Bereich: „Empfinden", „erregt", „Begehrt", „Verlangt", „Gesell" und legt nahe, bei der Interpretation über den eigentlichen Bildbereich hinauszugehen ...* *... Im letzten Vers findet sich das Verb „ruhen", was sich hier auch im Sinne von „Gestorben-Sein" deuten lässt. Die Liebe weist also über den Tod hinaus und entspricht so dem bürgerlichen Ideal einer lebenslangen Partnerschaft ...*
C) Schluss	Schlussbemerkung, die die Interpretation nochmals zusammenfassen soll und möglicherweise auch eine eigene Wertung enthalten kann.	*Zusammenfassend lässt sich sagen ...* oder/und: *Mir persönlich gefällt der Text gut, weil ...* oder: *Ich finde, der Text entspricht nicht der Wirklichkeit einer Liebe, weil ...*

2.3 Drama – Theater

Das **Drama** ist neben ▶ erzählender Literatur und ▶ Lyrik eine der drei Großformen der Dichtung. Dramentexte sind in **Dialogform** verfasst und in der Regel für eine Theateraufführung vorgesehen. ▶ S. 24–33, S. 34–40

Die Wurzeln des europäischen Dramas reichen in das antike Griechenland zurück. Viele unserer im Zusammenhang mit dem Drama heute noch gebräuchlichen Begriffe haben dort ihren Ursprung (z. B. Szene, Dialog, Tragödie usw.).

Die **klassische Form** des Dramas, die schon seit der Antike überliefert ist, weist einen strengen Aufbau in meist fünf Akte auf: Der 1. Akt bietet die Einführung (die **Exposition**), in der die Hauptfiguren vorgestellt werden, in der in Ort, Zeit und Atmosphäre des Stücks eingeführt wird und in der sich die Konflikte anbahnen, die die Handlung bis zum dramatischen Höhepunkt vorantreiben. Am Ende des 3. oder zu Beginn des 4. Akts tritt bei der Tragödie häufig ein Wendepunkt (die **Peripetie**) ein, von der aus die Handlung unaufhaltsam der Katastrophe zustrebt.

Im 20. Jahrhundert entwickelt Bertolt Brecht (1898–1956) als Gegenentwurf zur klassischen Dramenform sein **episches Theater**:

	klassische Form des Theaters (nach Aristoteles)	**epische Form des Theaters (nach Brecht)**
Beispiele	Gotthold Ephraim Lessing: *Nathan der Weise* Friedrich Schiller: *Wilhelm Tell*	Bertolt Brecht: *Mutter Courage* Max Frisch: *Andorra*
äußerer Aufbau	strenger Aufbau in Akte und Szenen	lockere Szenen- oder Bilderfolge; Unterbrechung durch Songs u. a.
Handlung / Spannung	„Spannung auf den Ausgang"; abgeschlossene Handlung	„Spannung auf den Gang" der Handlung; häufig offenes Ende
Ort und Zeit	Einheit von Ort, Zeit und Handlung (Ablauf der Handlung an einem Schauplatz innerhalb eines überschaubaren Zeitrahmens, z. B. eines Tages)	Verzicht auf die Einheit von Ort, Zeit und Handlung (verschiedene Schauplätze, Zeitsprünge, Rückblenden usw.)
Verhältnis Publikum und Bühnengeschehen	Identifikation und Mitfühlen mit dem Helden	kritische Distanz zu den Figuren durch Verfremdung („V-Effekte")
Wirkungsabsicht	Erregung von Furcht und Mitleid führt zu moralischer Reinigung (Katharsis)	Veränderung der gesellschaftlichen Verhältnisse durch im Theater gewonnene Erkenntnis

Inszenierung eines Dramas

Die Inszenierung eines Dramas ist immer auch eine Interpretation (Deutung) des dramatischen Textes, bei der verschiedene Gestaltungselemente ineinander greifen.

Analyse einer Dramenszene

Folgende Aspekte können bei der schriftlichen Analyse einer Dramenszene eine Rolle spielen:

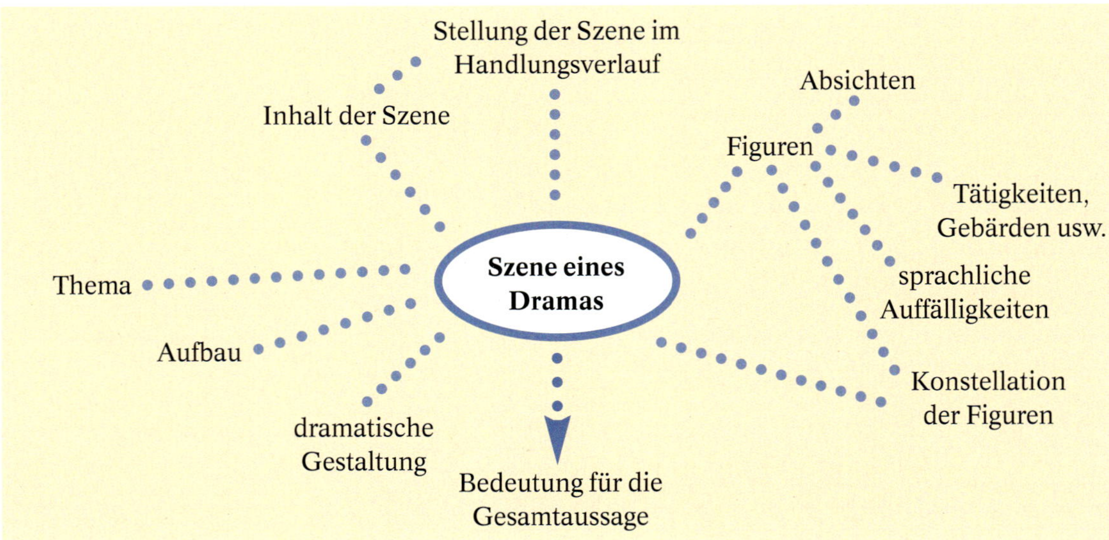

Schriftliche Interpretation einer Dramenszene

Aufbau	Merkmale	Beispiele
A) Einleitung	Angaben zu Titel, Autor/-in und Inhalt in einem Satz	*Die 8. Szene aus Bertolt Brechts Theaterstück „Mutter Courage und ihre Kinder" handelt von dem Streit zwischen dem Feldprediger und dem Koch um die Gunst der Courage.*
B) Hauptteil	Stellung der Szene im Handlungsverlauf	*Dem Streit vorausgegangen ist die Nachricht vom Ende des Krieges, was der Mutter Courage den Boden entzieht ...* *Die folgende Szene zeigt denn auch Mutter Courage auf dem Tiefpunkt ihrer geschäftlichen Laufbahn: „Mutter Courage: Koch, Sie treffen mich im Unglück. Ich bin ruiniert" (Z. 102 f.).*
	Inhalt und Thema der Szene	*Die Nachricht vom „Ausbrechen" des Friedens ruft bei den Figuren unterschiedliche Reaktionen hervor ... Deshalb entscheidet sich Mutter Courage im Eifersuchtsstreit zwischen Koch und Feldwebel für den Koch, weil ...* *Thema der 8. Szene ist also die unterschiedliche Einstellung der Figuren zum Frieden ...*
	Figuren und ihr Verhältnis zueinander (Textbelege! ▶ Zitieren ▶ Charakterisierung)	*Während Mutter Courage ..., ist der Feldprediger der Diener der Mächtigen ... Der Koch ist demgegenüber Mutter Courage in seiner Geschäftstüchtigkeit verwandt. Er deutet an, dass er der Courage gerne zur Hand gehen würde: „Ich käm gern in irgendeinen Handel mit was" (Z. 154 f.) ...*
	dramatische Gestaltung	*Die Reaktionen der Figuren zeigen eine verkehrte Welt von Krieg und Frieden. Das abschließende Lied verfremdet die gewohnten Vorstellungen in pointierter Kürze ...*
	Bedeutung der Szene für die Aussage des Dramas (Textbelege! ▶ Zitieren)	*In der 8. Szene wird also das Thema des Dramas, nämlich der Zusammenhang von Krieg und Geschäft, erneut aufgenommen. Dies zeigt sich darin, dass ...*
C) Schluss	kurze wertende Stellungnahme	*Die 8. Szene verdeutlicht noch einmal sehr gut Brechts marxistische Weltsicht, denn ...*

▶ S. 118–119
▶ S. 29
▶ S. 118–119

Theaterlexikon

Akt: Aufzug; Hauptabschnitt eines Dramas, geschlossene Handlungseinheit, die meist aus mehreren Szenen besteht

Dialog: Zwiegespräch zweier oder mehrerer Personen

Exposition: Einführung in Zeit, Ort und Atmosphäre; Vorstellung der Protagonisten (Hauptfiguren) und Anbahnung des dramatischen Konflikts; umfasst im klassischen Drama meist den ersten Akt

Gestik: Haltung und Bewegung des Körpers

Hörspiel: Sonderform des Dramas, das durch die Erfindung des Rundfunks ermöglicht wurde. Das Hörspiel ist einerseits beschränkter als das Bühnenspiel, da es allein auf akustische Mittel angewiesen ist, kann aber andererseits verschiedene technische Möglichkeiten nutzen wie Ein-, Aus-, Überblenden, Montage, Klangeffekte usw.

Inszenierung: Einrichtung und Einstudieren eines Bühnentextes während der Probenzeit und die daraus entstandene Spielfassung für eine bestimmte Bühne

Katastrophe (griech.): „Auflösung", Wendung zum Schlimmen oder auch zum Guten

Komödie: Drama, bei dem die Protagonisten durch menschliche Schwächen in einen Konflikt geraten, der aber eine glückliche Auflösung findet

Kulisse (auch: Prospekt): flache Wand als Rück- oder Seitenwand des Bühnenbildes. Durch Bemalung kann die Illusion einer Landschaft, eines Zimmers usw. erzeugt werden.

Mimik: Gesichtsausdruck

Monolog: Selbstgespräch einer einzelnen Person

Pantomime: Darstellung einer Handlung unter Verzicht auf gesprochene Worte allein mit Gestik, Mimik, Tanz

Peripetie: Wendepunkt; unerwarteter Umschlag der Handlung

Protagonist: Hauptdarsteller

Regie: die eigenverantwortliche Auswahl, Deutung und Einrichtung eines Dramentextes für die Bühne an einem bestimmten Aufführungsort für ein mehr oder weniger gut bekanntes Publikum. Die Hauptverantwortung dafür trägt der Regisseur/die Regisseurin.

Regieanweisung: vom Autor/von der Autorin im Dramentext zusätzlich zu den Rollentexten bereits mitgelieferte Anregungen, wie die Handlung auf einer Bühne eingerichtet werden sollte und welche Haltungen die Schauspieler einnehmen sollten

Requisiten (lat. requisitum): „erforderliches Ding". Requisiten können die Figuren charakterisieren oder wichtige Bedeutungen für den Ablauf der Handlung haben.

retardierendes Moment: Verzögerung der Auflösung der Handlung, um die Spannung zu erhöhen

Souffleuse/Souffleur (franz.): „Einflüsterer", der den Schauspielern während der Proben den Text zuflüstert und während der Aufführungen im Notfall den Text vorsagt

Standbild: besondere Form der Pantomime, bei der Gefühle und Beziehungen zwischen Figuren allein durch Gestik und Mimik zum Ausdruck gebracht werden. Beim Standbild sind die Figuren wie auf einem Foto erstarrt.

Szene (griech.): ursprünglich „Bühne"; heute: kleine Einheit eines Dramas, meist äußerlich begrenzt durch Auf- oder Abgang einer Person

Tragödie: Drama, bei dem der Protagonist in einen dramatischen Konflikt gerät und am Ende scheitert/untergeht

V-Effekt: Verfremdung der dramatischen Handlung, z.B. durch Eingreifen eines kommentierenden Erzählers, Beiseitesprechen der Schauspieler/-innen, Unterbrechen der Handlung durch Songs, Verzicht auf illusionsfördernde Bühnenrequisiten

2.4 Produktionsorientierte Verfahrensweisen

Produktionsorientierte Verfahren dienen dazu, ein Textverständnis anzubahnen, ohne sich dem Text dabei zunächst analytisch zu nähern. Dabei kann man in den Text eingreifen, ihn verändern, ergänzen, umschreiben und vieles mehr. Anders als beim ▶ **kreativen Schreiben** ist der selbst verfasste Text nicht das eigentliche Ziel des produktionsorientierten Verfahrens. Vielmehr geht es darum, die eigenen Produkte in Beziehung zum Originaltext zu setzen und auf diesem Weg ein tieferes Textverständnis zu erreichen.

▶ S. 21–23

Beispiele für produktionsorientierte Verfahrensweisen

	Drama	**Erzählende Literatur**	**Lyrik**
Perspektivwechsel		Veränderung der Erzählperspektive, z. B. Ich-Erzähler/Er-Erzähler	Gedicht aus der Sicht einer anderen Person/Figur schreiben
Leerstellen / Lücken	Monolog, Dialog entwerfen Parallelszenen schreiben Regieanweisungen ausgestalten Rollenprofil entwerfen Gedanken einer Nebenfigur aufschreiben Tagebucheintrag Brief von einer oder an eine Figur Lebenslauf, Steckbrief von Personen Interviews		Parallelgedicht Gedicht zu Prosatext Fortsetzung schreiben
Gegentexte	anderen Schluss schreiben Figuren einfügen, die den Handlungsverlauf ändern		andere Überschriften formulieren Frühlingsgedicht zu Wintergedicht
Visualisierung	Standbild		Collage bildliche Darstellung
Bewertung	Rezension Gerichtsverhandlung		

2.5 Literaturgeschichte

Die Anfänge der deutschen Literatur

Als die Menschen ihre Sprache noch nicht aufschreiben konnten, gab es dennoch bereits Dichtung. Sie wurde erzählt oder gesungen. Ihr Gegenstand waren Geschichten vom Anfang der Welt, von Göttern, Helden und deren Taten. Später wurden die mündlich überlieferten Lieder aufgeschrieben und überarbeitet. Es entstand geschriebene Literatur.

Auch am Anfang der deutschen Literatur stehen Götter- und Heldensagen. Sie erzählen von Tugenden wie Mut, Tapferkeit, Ehrgefühl und Gerechtigkeitssinn und davon, wie diese Tugenden nicht immer zum Sieg führen. Denn ein ungünstiges Schicksal, falsche Freunde, aber auch die eigene Blindheit bringen es mit sich, dass die Heldinnen und Helden oft scheitern.

Ein berühmtes Beispiel ist das *Nibelungenlied*, das im 5. Jahrhundert n. Chr. spielt und um das Jahr 1200 aufgeschrieben worden ist. Es erzählt von Siegfrieds Tod durch die Hand seiner Freunde und von der Rache, die seine Frau Kriemhild dafür an ihren Brüdern nimmt.

Ein häufiges Motiv mittelalterlicher Sagen ist der Kampf des Helden mit dem Drachen. Auch Tristan, der Held des mittelalterlichen Romans *Tristan und Isolde,* muss einen Drachenkampf bestehen. **Gottfried von Straßburg** schrieb seinen Roman zur Zeit der Kreuzzüge um 1210.

Die Kreuzzüge bilden auch den zeitgeschichtlichen Hintergrund der Ritterromane von **Hartmann von Aue** und von **Wolfram von Eschenbach.** Immer wieder geht es um die Bewährung im ritterlichen Kampf, um die Erringung von Ansehen und Ehre und die Bestätigung ritterlicher Tugenden (Tapferkeit, Zucht und Maß, Beständigkeit, Treue).

Ritterlicher Herkunft war auch **Walther von der Vogelweide,** der mit seinen Minneliedern und seiner Spruchdichtung zum wichtigsten Wegbereiter der Liebeslyrik und der politischen Lyrik in Deutschland geworden ist.

Hildegard von Bingen gilt als eine der ersten deutschen Dichterinnen. Sie verfasste u.a. Lieder und religiöse Schriften.

Geschichte

800 Kaiserkrönung Karls des Großen

1096 1. Kreuzzug

1152–1190 Friedrich Barbarossa/Blütezeit der Staufer

Nibelungenlied (um 1200)

Hartmann von Aue (um 1160 bis um 1210): *Iwein, Erec* (um 1200 n. Chr.)

Wolfram von Eschenbach (um 1170 bis nach 1220): *Parzival* (1200/1210)

Walther von der Vogelweide (um 1170 bis um 1230): Liebeslyrik, Spruchdichtung

Hildegard von Bingen (1098–1179): Lieder, religiöse Schriften

Frühneuhochdeutsche Literatur bis Barockdichtung

Mit der Entdeckung Amerikas (1492) und der Reformation in Deutschland (ab 1517) beginnt ein neues Zeitalter in Europa. Das Mittelalter ist zu Ende. Ein neues Lebensgefühl durchdringt die Menschen. Man will sich nicht länger politisch und geistig, z. B. durch die Kirche, bevormunden lassen. Wissenschaft und Künste sind Ausdruck dieses neuen Denkens. Die Antike wird zum Vorbild, man fordert die „Wiedergeburt (Renaissance) aus dem Geist der Antike".
Kaiser und Papst als höchste Autoritäten halten jedoch an den alten Vorstellungen fest; vor allem die Kirche bekämpft das neue Weltbild des **Nikolaus Kopernikus,** das die Sonne als Mittelpunkt annimmt, sowie **Johannes Gutenbergs** Buchdruck mit beweglichen Buchstaben, weil dieser vielen Gebildeten ermöglichte, Bücher, v. a. die Bibel, zu lesen und sich eine eigene Meinung zu bilden.
Martin Luther, ein junger Mönch in Wittenberg, klagt in seiner Schrift *Von der Freiheit eines Christenmenschen* (1520) über die Missstände in der Kirche und den Machtanspruch des Papstes. Als er 1521 auf dem Reichstag in Worms von Kaiser Karl V. gebannt und für vogelfrei erklärt wird, flieht er auf die Wartburg, wo er mit der vollständigen Übersetzung der Bibel in die deutsche Sprache erstmals eine deutsche „Gemeinsprache" niederschreibt. Mit seinen Kirchenliedern und Fabeln verbreitet Luther seine Vorstellung von einem neuen Christentum.
Die Schrecken des Krieges stellt **Hans Jakob Christoffel von Grimmelshausen** in seinem Roman *Die Abenteuer des Simplizissimus Teutsch* (1669) dar.
Auch für **Andreas Gryphius** ist der Dreißigjährige Krieg die bestimmende Erfahrung, die seine Dichtung prägt: Seine Sonette handeln von der Vergänglichkeit im Diesseits und der Hoffnung auf ein besseres Jenseits.
Das **Barockzeitalter (1600–1720)** trägt aber auch andere Züge: Die allgegenwärtige Todeserfahrung führt zu einer Lebensgier, die ihren Ausdruck u. a. in Prachtbauten, aufwändigen Theateraufführungen und prächtiger Mode findet.

Geschichte
1452 Johannes Gutenberg druckt die Bibel
1492 Christoph Kolumbus betritt Amerika
1514 Nikolaus Kopernikus behauptet, die Sonne sei der Mittelpunkt des Alls
1517 95 Thesen Martin Luthers, Beginn der Reformation
1618–1648 Dreißigjähriger Krieg
1643 Ludwig XIV. franz. König: absolutistische Herrschaft

Malerei
Albrecht Dürer (1471–1528)
Lucas Cranach d. Ä. (1472–1553)

Musik
Johann Sebastian Bach (1685–1750)
Georg Friedrich Händel (1685–1759)

Johannes Gutenberg
(um 1397–1468)

Martin Luther
(1483–1546):
Bibelübersetzung
(1522–34)

Hans Sachs
(1494–1576):
Volksbuch Doktor Faustus (1587)

Andreas Gryphius
(1616–1664):
Gedichte

Hans Jakob Christoffel v. Grimmelshausen
(1621– 1676):
Die Abenteuer des Simplizissimus Teutsch (1669)

Literatur der Aufklärung und der Empfindsamkeit

Im Zeitalter der Aufklärung (1720–1800) weicht die barocke Betonung der Vergänglichkeit und Nichtigkeit alles Irdischen dem Vertrauen in den Fortschritt des Menschengeschlechts. Der deutsche Philosoph **Immanuel Kant** stellt die Forderung auf: „Habe Mut, dich deines *eigenen* Verstandes zu bedienen!“ Der Kampf gilt der Bevormundung durch die Kirche und der Willkürherrschaft des Adels. Er macht Front gegen Aber- und Hexenglauben und bekämpft Vorurteile gegenüber Individuen und Gruppen.

Vernunft und kritisches Denken, das sich auf die eigenen Erfahrungen und Sinneswahrnehmungen stützt, Toleranz gegenüber Andersdenkenden sowie tugendhaftes, vernünftiges Handeln sind einige der Prinzipien, die nach Auffassung der Zeit jeder Mensch erlernen kann. Nach Auffassung der Aufklärung wird der Mensch erst durch Erziehung zu einem vernünftigen und moralisch handelnden Wesen. Pädagogische und literarische Schriften thematisieren im 18. Jahrhundert die Kindererziehung als wichtige Aufgabe der Familie.

Gotthold Ephraim Lessing hebt in seinen bürgerlichen Trauerspielen die so genannte Ständeklausel (Tragödie = Personen hohen Standes, Komödie = Personen niederen Standes) auf. Die Zuschauer sollen sich mit den Figuren identifizieren, um durch die Empfindung von Furcht und Mitleid zu einem menschlichen, tugendhaften Verhalten zu gelangen. Besonders die Fabel erfreut sich wegen ihres belehrenden Charakters in der Epoche der Aufklärung großer Beliebtheit.

In der **Zeit der Empfindsamkeit (etwa 1740 bis 1780)** wird die Einseitigkeit einer rein vernünftigen Betrachtung der Welt durch eine aus tiefer Religiosität stammende, vom Gefühl getragene, oft schwärmerische Weltsicht überwunden. **Friedrich Gottlieb Klopstock** schildert z.B. in seiner Lyrik eine bis dahin nicht gekannte, ganz persönliche Begegnung mit der Natur.

Geschichte
1775 Letzte Hexenverbrennung auf deutschem Boden
1776 Unabhängigkeitserklärung der Vereinigten Staaten
Friedrich der Große (1740–1786)
1789 Französische Revolution

Erfindungen
1718 Quecksilberthermometer (Fahrenheit)
1738 Spinnmaschine
1768 James Watt: Dampfmaschine

Musik
Joseph Haydn (1732–1809)
Wolfgang Amadeus Mozart (1756–1791)

Jean-Jacques Rousseau (1712–1778): *Émile oder Über die Erziehung* (1762)

Immanuel Kant (1724–1804): *Was ist Aufklärung?* (1784)

Friedrich Gottlieb Klopstock (1724–1803): *Der Messias* (1748–73)

Gotthold Ephraim Lessing (1729–1781): *Nathan der Weise* (1779)

Karl Philipp Moritz (1756–1793): *Anton Reiser* (1785/90)

Sturm und Drang/Weimarer Klassik

Der **Sturm und Drang (1765–1785)** greift die Tendenzen der Empfindsamkeit auf, steigert sie und betrachtet sich sogar als Gegenbewegung zur Aufklärung. Herz und Gefühl, Individualität und Genie, Originalität und Schöpfertum, Natur und Ursprung zählen mehr als Verstand, Regeln, Konvention und Normen. Die Stürmer und Dränger verehren Homer, Pindar, Klopstock und vor allem Shakespeare. Sie wollen an die unverbildete Sprache der Volkslieder anknüpfen, sie bewundern den jungen Goethe, der mit seinem Briefroman „Die Leiden des jungen Werthers“ (1774) den Zeitgeist trifft und geradezu ein Werther-Fieber auslöst. Die Dramen von **Johann Wolfgang Goethe** (*Götz von Berlichingen,* 1773) und **Friedrich Schiller** (*Die Räuber,* 1781; *Wilhelm Tell,* 1801) stellen den Konflikt des Einzelnen mit der gesellschaftlichen Wirklichkeit dar. In den Natur- und Liebesgedichten des Sturm und Drang drückt sich persönliches Erleben aus (Erlebnislyrik).

Die Freundschaft zwischen Goethe und Schiller gilt als Kern der **Weimarer Klassik (1788–1805).** Im allgemeinen Sprachgebrauch verstehen wir den Begriff „klassisch“ als gleichbedeutend mit „wertvoll“, „mustergültig“, manchmal auch „typisch“. Der Begriff kann jedoch auch eine Epoche bezeichnen. In der deutschen Literaturgeschichte meint „Klassik“ die kurze Zeit der Freundschaft und Zusammenarbeit Goethes und Schillers am Weimarer Hofe des Herzogs Karl August nach Goethes Rückkehr aus Italien (1788) und Schillers Anstellung in Jena/Weimar bis zu seinem Tod (1805).

Die Enttäuschung über den Ausgang der Französischen Revolution, der von Gewalt, Terror und Krieg gekennzeichnet ist, trägt wesentlich dazu bei, dass sich Goethe und Schiller vom Geniekult und der Protesthaltung des Sturm und Drang abwenden. Harmonie und Humanität, Ausgleich und Maß, Menschlichkeit und Toleranz, Einheit von Mensch und Natur, aber auch von Individuum und Gesellschaft sind die neuen Leitideen der Klassik. Die Werke der griechischen Antike gelten als Vorbild. Neben vielen klassischen Dramen entstehen in Weimar auch zahlreiche Balladen (Goethe: *Erlkönig, Der Zauberlehrling;* Schiller: *Die Bürgschaft, Die Kraniche des Ibykus*).

Geschichte
1793 Hinrichtung Ludwigs XVI.
1804 Kaiserkrönung Napoleons I.
1806 Ende des Heiligen Römischen Reichs Deutscher Nation
1813/15 Befreiungskriege gegen Napoleon
1814/15 Wiener Kongress

Erfindungen/Neuerungen
1807 Erste Straßenbeleuchtung (London)
1808 Konversationslexikon von Brockhaus
1814 Dampflokomotive von Stephenson

Musik
Ludwig van Beethoven (1770–1827)

William Shakespeare (1564–1616): *Hamlet* (um 1600)

Johann Gottfried Herder (1744–1803): *Stimmen der Völker in Liedern* (1778/79)

Johann Wolfgang Goethe (1749–1832): *Wilhelm Meisters Lehrjahre* (1795/96); *Faust I* (1808)

Jakob Michael Reinhold Lenz (1751–1792): *Der Hofmeister* (1774)

Friedrich Schiller (1759–1805): *Wilhelm Tell* (1801)

Romantik/Realismus

In der Literatur des 19. Jahrhunderts gibt es verschiedene, teilweise parallel verlaufende Strömungen.

Die **romantische Dichtung (1795–1840)** greift Tendenzen der Klassik auf, knüpft aber auch an die Kultur des Gefühls im Sturm und Drang an. Dem realen Alltag wird die Fantasie entgegengestellt, er wird ins Wunderbare verwandelt und „romantisiert“. Fantasie und Traum, Sehnsucht nach der Ferne, das Gespenstische der Natur, das Rauschen der Wälder, das Wandern durch ferne Gebirge und tiefe Täler sind typische Motive romantischer Dichtung. Themen und Motive der Romantik sind oft Ausdruck eines Ungenügens an der als einengend oder trostlos empfundenen gesellschaftlichen Realität nach dem Scheitern der Französischen Revolution und der Wiederherstellung des Absolutismus in Europa.

Die **realistische Dichtung** des 19. Jahrhunderts lässt sich demgegenüber stärker auf die Nachahmung und detaillierte Verarbeitung der Wirklichkeit ein und bildet sie entweder harmonisch oder kritisch ab. Die Dichterinnen und Dichter des **Biedermeier (1820–1859)** kennzeichnet die Flucht in das stille Glück und die idyllische Natur angesichts einer im Zeichen der Frühindustrialisierung als bedrohlich empfundenen Außenwelt. Die Schriftsteller/-innen des **Vormärz (1830–1848)** kritisieren die politischen und gesellschaftlichen Zustände im Vorfeld der Revolution von 1848. Die Forderungen nach Einheit und Freiheit, nach Emanzipation und Beseitigung krasser sozialer Ungleichheit werden von den Mächtigen der Zeit bekämpft. Bedeutende Vertreter des Vormärz werden verhaftet, des Landes verwiesen oder sie fliehen wie Heinrich Heine ins liberalere Frankreich.

Die Novellen und Romane des **bürgerlichen Realismus (1848–1890)** richten ihre Sichtweise nach außen, auf Mensch und Gesellschaft. Realistische Autorinnen und Autoren beobachten, zeichnen auf, was sie sehen und hören. Ihr Ziel ist es, ein wahres Bild des Lebens zu entwerfen. Im Gegensatz zum **Naturalismus (1880–1890)**, der z. B. das wirtschaftliche Elend im Zuge der Industrialisierung schonungslos darstellt, meidet der Realismus allzu extreme Seiten der Wirklichkeit oder rückt diese durch Humor in eine abschwächende und besänftigende Distanz.

Geschichte

1815 Wiener Kongress: Restauration der vorrevolutionären Zustände
1819 Karlsbader Beschlüsse: Pressezensur, Auflösung der Burschenschaften, Demagogenverfolgung
1830 Julirevolution in Paris
1844 Weberaufstand in Schlesien
1848 Marx: Kommunistisches Manifest
1848 Revolutionen in Deutschland, Nationalversammlung in der Paulskirche
1870/71 Deutsch-Französischer Krieg: Gründung des Deutschen Reiches, Bismarck Reichskanzler (bis 1890)

Joseph von Eichendorff (1788–1857): *Aus dem Leben eines Taugenichts* (1826)

Annette von Droste-Hülshoff (1797–1848): *Die Judenbuche* (1842)

Heinrich Heine (1797–1856): *Deutschland. Ein Wintermärchen* (1844)

Theodor Fontane (1819–1898): *Effi Briest* (1895)

Gerhart Hauptmann (1862–1946): *Die Weber* (1892)

Literarische Strömungen 1890–1933

Um die Jahrhundertwende entwickeln sich mit **Impressionismus, Symbolismus, Jugendstil** und **Dekadenz** verschiedene literarische Strömungen, die sich von der Wirklichkeitsschilderung und dem sozialem Engagement des Naturalismus abwenden und nach betont subjektiven Möglichkeiten des künstlerischen Ausdrucks suchen. Der **Expressionismus (1905–1925)** stellt einen radikalen Bruch mit den traditionellen literarischen Formen und Themen dar, vor allem in Lyrik und Drama. Die gefühlsbetonte Schreibweise, das Aufbrechen grammatischer Strukturen, Wortneuschöpfungen und ausgeprägte Farbsymbolik sind Kennzeichen dieser Texte, die häufig – ähnlich wie in der Malerei – den Menschen in einer Sinn- und Orientierungskrise darstellen. Manche Autoren dieser Zeit, wie Franz Kafka, entziehen sich auch völlig einer literaturgeschichtlichen Einordnung.

Die politische Zersplitterung der Gesellschaft der **Weimarer Republik (1919–1933)** spiegelt sich in der Gegensätzlichkeit der literarischen Strömungen. Die politische Rechte, die das demokratisch-parlamentarische System ablehnt und die sich am Kaiserreich orientiert, knüpft – literarisch gesehen – an die irrationalen und romantischen Bewegungen des 19. Jahrhunderts an. Die politische Linke hingegen ist am Rationalismus und an der Aufklärung orientiert. Sie artikuliert sich in neuen literarischen Zeitschriften und Zeitungen, aber auch im neu entstandenen Funk und Film. Der aufklärerische Anspruch kommt vor allem in den großen Gesellschaftsromanen zum Tragen, z.B. in Alfred Döblins *Berlin Alexanderplatz* und Heinrich Manns *Der Untertan,* die auf eine neue Weise das Individuum in Bezug zur Gesellschaft setzen und dabei die Lebensumstände der Moderne kritisieren.

Als Reaktion auf den Expressionismus entwickelt sich in bewusster Nüchternheit der Schreibstile, z.B. in den Reportagen Egon Erwin Kischs oder der Gebrauchslyrik Erich Kästners und Bertolt Brechts, die **neue Sachlichkeit.** Andere Autoren treiben den Expressionismus im **Dadaismus** mit Sprach- und Wortspielen sowie experimentellen Texten auf die Spitze.

Tagespolitische und gesellschaftliche Themen finden sich häufig in der Literatur der Weimarer Republik, vor allem auch das Kriegserlebnis des Ersten Weltkriegs, wie in Erich Maria Remarques *Im Westen nichts Neues,* einem Antikriegsroman, der Weltruhm erlangt.

Geschichte

1914 Beginn des Ersten Weltkriegs
1917 Oktoberrevolution in Russland
1918 Ende des Ersten Weltkriegs, allgemeines Wahlrecht für Frauen
1919 Versailler Vertrag
1923 Putschversuch Adolf Hitlers scheitert
1929 Börsencrash („Schwarzer Freitag"): Weltwirtschaftskrise

Wissenschaft/Technik

1900 Freuds Psychoanalyse
1908 Autos vom Fließband (Ford)
1915 Albert Einstein: Allgemeine Relativitätstheorie

Franz Kafka (1883–1924): *Der Prozess* (1914/15)

Jakob van Hoddis (1887–1942): *Weltende* (1911)

Kurt Tucholsky (1890–1935): Satiren, Gedichte, Essays

Erich Maria Remarque (1898–1970): *Im Westen nichts Neues* (1929, Verfilmung 1930)

Erich Kästner (1899–1974): Gedichte

Literarische Strömungen 1933–2000

Exilliteratur (1933–1945)

Mit dem Machtantritt der Nationalsozialisten im Januar 1933 ändert sich die literarische Landschaft in Deutschland schlagartig. Die Gleichschaltung umfasst schnell auch die Künste und Medien, die Meinungsfreiheit wird beseitigt, die Bücher jüdischer oder regimekritischer Autoren werden verboten und verbrannt. Die Autoren selbst werden teilweise verfolgt, einige wollen ihren heimatlichen Sprachraum nicht verlassen und gehen in die „innere Emigration" (wie Erich Kästner), weichen auf unpolitische Themen aus oder üben nur sehr versteckt Kritik. Manche Schriftsteller begehen aus Verzweiflung Selbstmord (Kurt Tucholsky, Stefan Zweig). Hunderte von Autoren verlassen Deutschland (z.B. Thomas und Heinrich Mann, Anna Seghers, Bertolt Brecht). Auf der Flucht und im Ausland entsteht die Exilliteratur, die – bei aller Verschiedenheit – in ihrer Ablehnung des Nationalsozialismus ihren gemeinsamen Kern hat.

Literatur nach 1945

Mit dem Kriegsende 1945 beginnt auch literarisch eine neue Zeit, wenngleich man nicht von einer „Stunde null" reden kann, da viele Autoren auf ihre Zeit im Exil, andere auf die Traditionen der Weimarer Zeit zurückgreifen. Themen der „Trümmerliteratur" sind die konkrete Nachkriegssituation im zerstörten Deutschland (Hunger, Wohnungsnot und Flucht) sowie die deutsche Schuld an Völkermord und Weltkrieg, die v.a. in lyrischen Texten (Günter Eich, Paul Celan) und Kurzprosa (Heinrich Böll, Wolfgang Borchert u.a.) ihren Niederschlag finden. Anfangs bemüht sich die **Gruppe 47**, ein lockerer Zusammenschluss deutschsprachiger Autoren und Autorinnen unter Leitung von H. E. Richter, um eine gesamtdeutsche Literatur, doch mit der staatlichen Teilung Deutschlands entwickeln sich literarische Trends auf beiden Seiten des „Eisernen Vorhangs" unabhängig voneinander.

Geschichte
30.1.1933 Machtantritt Hitlers
1935 „Rassengesetze"
1939 Beginn des Zweiten Weltkriegs
1942 Wannseekonferenz: staatliche Judenvernichtung
Mai 1945: Kriegsende in Europa
August 1945: Atombombenabwürfe auf Japan
1948 UNO-Menschenrechte
1949 Gründung von BRD und DDR
1961 Mauerbau

Erfindungen/Neuerungen
1935 Radio („Volksempfänger"), VW-Käfer
1938 Urankernspaltung
ab 1952 regelmäßige Fernsehsendungen

Bertolt Brecht (1898–1956): *Mutter Courage und ihre Kinder* (1941)

Heinrich Böll (1917–1985): *Ansichten eines Clowns* (1963)

Paul Celan (1920–1970): *Todesfuge* (1948)

Wolfgang Borchert (1921–1947): *Draußen vor der Tür* (1947)

Ingeborg Bachmann (1926–1973): Gedichte

BRD

Ende der **50er-Jahre** erregen die Romane von Günter Grass *Die Blechtrommel* und Heinrich Böll *Billard um halb zehn* internationales Aufsehen und überwinden die damals vorherrschende Tendenz zu unpolitischer Literatur (z. B. Gottfried Benn). Auch die Autoren aus der Schweiz, Max Frisch (Roman: *Homo faber*) und Friedrich Dürrenmatt (Drama: *Die Physiker*), zeigen eine kritische Distanz zur Entwicklung der modernen Gesellschaft. Für die **60er-Jahre** lässt sich insgesamt eine zunehmende Politisierung des literarischen Lebens feststellen, die sich in einem Aufblühen der politischen Lyrik (Erich Fried) und des Essays (Hans Magnus Enzensberger) sowie im politischen Dokumentartheater (Heinar Kipphardt; Rolf Hochhuth) besonders deutlich zeigt.

Der Trend der **70er-Jahre** zur neuen Subjektivität findet sich in der Epik (Peter Handke, Martin Walser) ebenso wie in der Lyrik (Rolf Dieter Brinkmann, Karin Kiwus). Die **80er-Jahre** gelten – wie in ganz Europa – als Zeit der Postmoderne, die mit traditionellen Erzählmustern und Motiven spielt und diese variantenreich kombiniert, wie z. B. Patrick Süskind in seinem Roman *Das Parfüm*.

DDR

Literatur in der DDR steht im Zeichen der politischen Aufgaben, die sie zu erfüllen hat. Die **Aufbauliteratur der 50er-Jahre** will und soll die Errungenschaften des Sozialismus und den Sieg über den Faschismus darstellen. **Sozialistischer Realismus** meint den Anspruch, über die gesellschaftlichen Realitäten allgemein verständlich zu schreiben. Autoren gehen in die Betriebe, um Arbeitswelt und Arbeiter in den Mittelpunkt ihrer Werke rücken zu können.

In der **Ankunftsliteratur** seit etwa 1964 finden sich dann schon eher kritische Töne, Literaten messen die gesellschaftliche Realität an den Parolen der Staatspartei (Brigitte Reimann, Christa Wolf, Uwe Johnson). Die mit Honecker einsetzende Liberalisierung endet im Jahr 1976 mit der (Zwangs-)Ausbürgerung Wolf Biermanns, gegen die viele Autoren weltweit protestieren. Wegen der verschärften Bedingungen verlassen über 100 Autoren und Künstler die DDR, darunter Reiner Kunze, Günter Kunert, Jurek Becker, Monika Maron, Erich Loest, Sarah Kirsch.

In der Zeit nach 1989/90 beschäftigen sich viele Autoren aus Ost und West mit der Vereinigung der beiden deutschen Staaten, z. T. im Rückgriff auf historische Dimensionen, wie Grass in seinem Roman *Ein weites Feld*.

Geschichte

1968 Studentenunruhen in Europa
1970 Willy Brandt: Ostpolitik (Dialog, Entspannung)
1985 Gorbatschows Reformkurs
1989 Friedliche Revolution in der DDR
1990 Deutsche Einheit
1999 Europäische Währungsunion

Erfindungen/Neuerungen

1969 Mondlandung
1977 Erster PC
ab 1984 Kabelfernsehen
1999 Klonen menschlicher Zellen

Max Frisch (1911–1991): *Homo faber* (1957)

Friedrich Dürrenmatt (1921–1990): *Die Physiker* (1961/62)

Günter Grass (*1927): *Die Blechtrommel* (1959)

Christa Wolf (*1929): *Der geteilte Himmel* (1963)

Sarah Kirsch (*1935): Gedichte

2.6 Sachtexte

Sachtexte unterscheiden sich von literarischen Texten dadurch, dass sie vorwiegend informierenden (z.B. Zeitungstexte) oder appellierenden Charakter (z.B. Reden) haben.

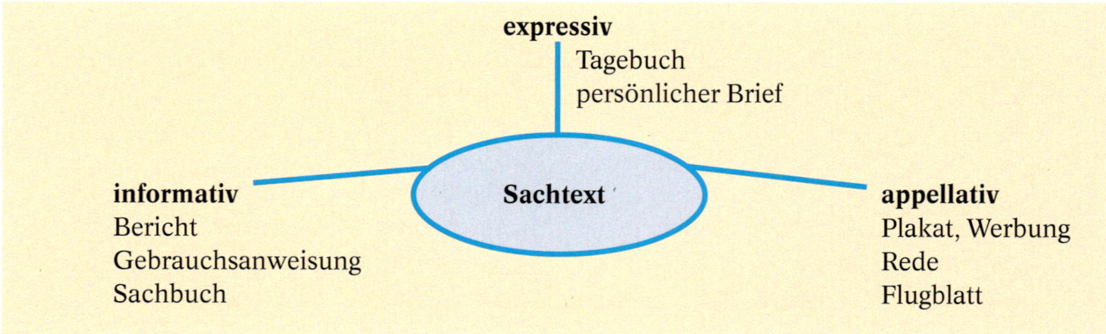

Analyse von Reden

Reden sind appellative Texte, die die Zuhörer/-innen auf vielfältige Weise zu beeinflussen suchen. Bei der Analyse solcher Texte sollte man unter anderem auf folgende Punkte achten:

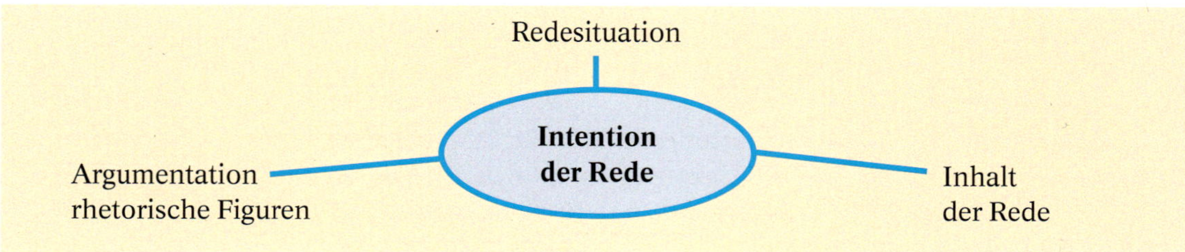

Redesituation
- Gibt es einen besonderen Anlass für die Rede?
- An welchem Ort wird die Rede gehalten?
- In welchem Verhältnis steht der Redner/die Rednerin zum Publikum?

Inhalt
- Was ist der Gegenstand der Rede?
- Was sind die Hauptaussagen der Rede?
- Wie ist die Rede inhaltlich gegliedert?

Christa Wolf auf dem Ostberliner Alexanderplatz (4. 11. 1989)

Argumentation
- ▶ S. 13 Welche ▶ Thesen enthält die Rede?
- ▶ S. 13–14 Durch welche ▶ Argumente werden die Thesen untermauert?

Intention der Rede
- Welche Positionen oder Personen werden auf- oder abgewertet?
- Welche Wirkung soll die Rede erzielen?

Rhetorische Figuren
- Welche rhetorischen Figuren werden eingesetzt?
- Welche Funktion haben die verwendeten rhetorischen Figuren?

Rhetorische Figur	Definition	Beispiel
Alliteration, die	Wiederholung der Anfangsbuchstaben bei Wörtern	*Milch macht müde Männer munter.*
Anapher, die	Wiederholung eines oder mehrerer Wörter an Satz- oder Versanfängen	*Er schaut nicht die Felsenriffe/ Er schaut nur hinauf ...*
Antithese, die	Entgegenstellung von Gedanken oder Begriffen	*Nicht du/um der Liebe willen/sondern/um deinetwillen/die Liebe*
Ellipse, die	unvollständiger Satz, Auslassung eines Satzgliedes/Wortes, das leicht ergänzbar ist	*Je früher der Abschied, desto kürzer die Qual.*
Inversion, die	Umkehrung der geläufigen Wortstellung im Satz	*Der Schultern warmer Schnee wird werden kalter Sand.*
Ironie, die	unwahre Behauptung, die erkennen lässt, dass das Gegenteil gemeint ist	*Das hast du ja wieder mal toll hinbekommen!*
Klimax, die	dreigliedrige Steigerung	*Veni, vidi, vici (Ich kam, sah und siegte.)*
Metapher, die	Bedeutungsübertragung; sprachliche Verknüpfung zweier semantischer Bereiche, die gewöhnlich unverbunden sind	*Der Verstand ist ein Messer in uns.*
Parallelismus, der	Wiederholung gleicher syntaktischer Fügungen	*Das Schiffchen fliegt, der Webstuhl kracht.*
Personifikation, die	Vermenschlichung	*Vater Staat, Mutter Natur*
rhetorische Frage, die	Scheinfrage, bei der jeder schon die Antwort kennt	*Wer ist schon perfekt?*
Symbol, das	Sinnbild, das über sich hinaus auf etwas Allgemeines verweist; meist ein konkreter Gegenstand, in dem ein allgemeiner Sinnzusammenhang deutlich wird	*Taube* als Symbol des Friedens, *Ring* als Symbol der Treue und Ewigkeit
Vergleich, der	Verknüpfung zweier Bedeutungsbereiche durch Hervorheben des Gemeinsamen	*Achill ist stark wie ein Löwe.*

Vortragsweise

▶ S. 138–140

Das Gelingen des Vortrags einer Rede (oder auch eines ▶ Referates) hängt zu einem nicht unerheblichen Teil von der Redetechnik ab. Besonders zu beachten sind die Bereiche Stimmführung, Blickkontakt, Körperhaltung, Gestik und Mimik.

- Die **Stimmführung** muss klar verständlich sein und abwechslungsreich in Lautstärke, Betonung und Geschwindigkeit.
- Der **Blickkontakt** mit dem Publikum ist wichtig, um eine enge Bindung an den Redner oder die Rednerin herzustellen. Zugleich ist es dadurch möglich, die Reaktionen des Publikums unmittelbar zu erfahren und eventuell sogar darauf zu reagieren.
- Die **Körperhaltung** sagt viel über die Glaubwürdigkeit des Redners oder der Rednerin aus. Ein sicherer Stand auf beiden Beinen wirkt überzeugender als eine Haltung, die erkennen lässt, dass man am liebsten nichts sagen würde.
- **Gestik** und **Mimik** unterstreichen die Worte des Redners oder der Rednerin. Sie sorgen für Abwechslung, Orientierung (Zeigegesten) und Veranschaulichung.

Ungünstige Körperhaltung: vom Publikum abgewandt

Gute Körperhaltung: offen dem Publikum zugewandt

Zeitungstexte

Die Zeitung ist durch folgende Merkmale gekennzeichnet:
- Aktualität/Zeitnähe
- regelmäßiges Erscheinen
- öffentliche Zugänglichkeit
- inhaltliche Vielfalt

Zeitungstexte vermitteln **Information** (z. B. ▶ Nachricht) und **Meinung** (z. B. ▶ Kommentar). ▶ S. 59
Man unterscheidet zwischen: ▶ S. 59

Tageszeitung	**Wochenzeitung**
erscheint täglich	erscheint wöchentlich
regionale Zeitung	**überregionale Zeitung**
wird nur in einer bestimmten Gegend vertrieben	wird in der ganzen Bundesrepublik vertrieben
Boulevardzeitung	**Abonnementzeitung**
ist nur am Kiosk/im Geschäft zu erwerben	kann man sich nach Hause zustellen lassen

Ressorts/Sparten

Schon auf der ▶ Titelseite einer Zeitung begegnen der Leserschaft die wichtigsten Ressorts oder Sparten (Themenbereiche): Politik, Wirtschaft, Kultur, Sport, Lokales, vermischte Meldungen, Medien/Fernsehen, Anzeigen, Wetter und besondere, täglich wechselnde Rubriken (wie Verkehr, Mode, Wissenschaft u. a.). Die einzelnen Ressorts haben meist feste Plätze/Seitenzahlen im Innenteil der Zeitung, sodass man den Bereich, für den man sich interessiert, schnell finden kann. ▶ S. 58

1 Zeitungskopf

General-Anzeiger

UNABHÄNGIGE TAGESZEITUNG

G 3201 · 112. Jahrgang, Nr. 34 061

0,75 EUR / Benelux 1,20 EUR / Spanien 1,40 EUR

Bonner Stadtanzeiger

Montag, 4. Februar 2002

2 Blickfang

Clement will das ZDF reformieren

DÜSSELDORF. Wegen der Querelen um die Wahl eines neuen Intendanten soll das ZDF nach dem Willen von Nordrhein-Westfalen und Schleswig-Holstein einen neuen Staatsvertrag bekommen. Dabei sollen unter anderem der Fernseh- und der Verwaltungsrat deutlich verkleinert werden.

Das bestätigte die Sprecherin des nordrhein-westfälischen Ministerpräsidenten Wolfgang Clement (SPD), Miriam Meckel, am Wochenende. Sie bestritt jedoch, dass sich Clement mit seiner schleswig-holsteinischen Kollegin Heide Simonis (SPD) bereits auf einen Entwurf geeinigt habe. Sie sei aber zuversichtlich, dass dies bald geschehe: „Die Differenzen sind gering", sagte Meckel. Die Regierungschefs Clement und Simonis wollten einen gemeinsamen Vorentwurf auf der Ministerpräsidentenkonferenz am 8. März in Berlin vorlegen. Weil unter den 16 Länderchefs aber keine schnelle Einigung zu erwarten sei, solle dort wenigstens ein „Tendenzbeschluss" erreicht werden, nach Angaben Meckels eine Art Absichtserklärung.

Der öffentlich-rechtliche Mainzer Sender sucht seit mehreren Monaten vergeblich nach einem Nachfolger für seinen Intendanten Dieter Stolte. ap

Kommentar *Seite 2*

Ein inniger Kuss unter dem Jubel der Menge

Die Niederländer feiern ihre neue Prinzessin: Mit Tränen der Rührung in den Augen gab Maxima dem Kronprinzen Willem-Alexander am Samstag ihr Jawort. Vor Vertretern des europäischen Hochadels und Hunderten von Gästen aus dem In- und Ausland versprach sich das Brautpaar in der „Nieuwe Kerk" von Amsterdam gegenseitige Treue. PANORAMA/*Seite 36* FOTO: DPA

Tote bei schwerem Erdbeben in der Türkei

ISTANBUL/ANKARA. Ein schweres Erdbeben hat gestern im Zentrum der Türkei mindestens 44 Menschen in den Tod gerissen. Viele Häuser stürzten nach Angaben der Behörden ein, mehr als 150 Menschen erlitten Verletzungen. Verzweifelte Menschen sprangen in Panik aus ihren wankenden Häusern. Die Regierung in Ankara entsandte sofort Rettungsmannschaften in die entlegenen Gebiete. Das Beben wurde mit einer Stärke von 6,0 gemessen, sein Epizentrum lag nach Angaben der Erdbebenwarte Kandilli in der Nähe der 40 000 Einwohner zählenden Stadt Bolvadin.

Der Minister für öffentliche Arbeiten, Abdulkadir Akcan, sagte, die Folgen des Bebens um 9.11 Uhr hätten noch verheerender sein können: „Weil heute Sonntag ist und viele Geschäfte geschlossen sind, wurde eine riesige Katastrophe verhindert." Ministerpräsident Bülent Ecevit rief die Einwohner vor seiner Abreise in das Erdbebengebiet auf, sich von beschädigten Häusern fern zu halten.

Bei vielen der beschädigten Häuser handelt es sich um Geschäfts- und um Verwaltungsgebäude. In der Provinz Afyon wurden viele Telefonleitungen unterbrochen. ap

Korrespondentenbericht *Seite 35*

4 Leitartikel

Die USA drohen Saddam Hussein

VERTEIDIGUNG Washington wünscht neues Bündnis mit gemäßigten Staaten der muslimischen Welt. Warnung vor technologischer Lücke in der NATO

Von unserem Korrespondenten
Holger Möhle

MÜNCHEN. Die USA wollen mit aller Entschlossenheit den Kampf gegen den internationalen Terrorismus weiterführen und haben dem irakischen Diktator Saddam Hussein unverhohlen mit Vergeltung gedroht. Der stellvertretende US-Verteidigungsminister Paul Wolfowitz sagte bei der 38. Konferenz für Sicherheitspolitik am Wochenende in München, all jene Staaten, die Terroristen tolerierten oder sie unterstützten, müssten „mit Konsequenzen" rechnen. Wolfowitz deutete dabei an, dass die USA ein neues Bündnis mit den gemäßigten Staaten der muslimischen Welt schmieden wollten. Denn wenn diesen Staaten geholfen werde, „dann helfen wir uns selbst". Der republikanische US-Senator John McCain adressierte Irak als mögliches Ziel der Anti-Terror-Allianz. Es gebe unmissverständliche Belege dafür, dass Hussein mit dem Terrornetzwerk El Kaida Kontakte unterhalten und es unterstützt habe. In Bagdad herrsche ein „Terrorist", der über die Mittel eines gesamten Staates verfüge. Er machte deutlich, dass die USA gewillt seien, „Terror an seiner Quelle" zu bekämpfen und dazu auch Bodentruppen einzusetzen. Pentagon-Vize Wolfowitz nannte El-Kaida-Kämpfer „Verbrecher, die auch als solche zu behandeln" seien. McCain und Wolfowitz warnten Staaten wie Syrien oder Sudan, flüchtigen Terroristen Unterschlupf zu gewähren. McCain betonte mit Blick auf Irak, allein die Tatsache, dass ein Staat Massenvernichtungswaffen herstelle, sei ein „Kriegsfall".

NATO-Generalsekretär Lord George Robertson mahnte die Partnerstaaten der Allianz, die technologische Lücke zwischen den USA und den Europäern nicht weiter anwachsen zu lassen. Die neuen Aufgaben, denen sich die NATO stelle, erforderten auch neue Fähigkeiten, für deren Erwerb in die Verteidigungshaushalte investiert werden müsse. Bundesverteidigungsminister Rudolf Scharping (SPD) machte deutlich, dass der Vorsprung der Amerikaner auch damit zusammenhänge, dass Europa eine weltweite Rolle nie angestrebt habe. Er dementierte, dass es Planungen für einen Angriff gegen Irak gebe. Zur Frage der Führungsnation der internationalen Schutztruppe für Afghanistan (ISAF) sagte er, dies werde „in den nächsten Wochen entschieden". Er brachte dabei die Möglichkeit ins Spiel, dass die ISAF-Truppe von international erfahrenen Stäben multinational geführt werden könnte.

Bei den behördlich verbotenen Demonstrationen gegen die Sicherheitskonferenz sind am Wochenende mehr als 800 Teilnehmer zeitweilig in Gewahrsam genommen worden, um sie von einer Straftat abzuhalten. Fast 60 Menschen wurden festgenommen.

Leitartikel *Seite 2*
Korrespondentenbericht *Seite 3*

5 Kurzmeldungen

NACHRICHTEN

Beamte erwarten einen harten Tarifstreit

BERLIN. Dem öffentlichen Dienst droht nach Ansicht des Deutschen Beamtenbundes eine harte Tarifrunde. „Das wird sicher kein Spaziergang", sagte der Vorsitzende Erhard Geyer der „Neuen Osnabrücker Zeitung". Der öffentliche Dienst werde sich bei seinen Forderungen nicht nach dem dann vorliegenden Ergebnis in der Metallindustrie richten. ap/dpa

Deutsch-französischer Gipfel in Berlin

BERLIN. Der deutsch-französische Gipfel im Rahmen der Regierungskonsultationen findet heute in Berlin statt. Themen sind die Vorbereitung des EU-Gipfels in Barcelona am 15. und 16. März, die Arbeitsaufnahme des Verfassungskonvents am 28. Februar, die EU-Erweiterung und die Friedenssicherung in Afghanistan. ap

Kommentar *Seite 2*

IWF-Chef unterstützt Kurs des argentinischen Präsidenten

NEW YORK. Der Chef des Internationalen Währungsfonds (IWF), Horst Köhler, hat den Kurs des argentinischen Präsidenten Eduardo Duhalde in der Wirtschafts- und Finanzkrise seines Landes unterstützt. Die von Duhalde angestrebte schrittweise Freigabe der Bankkonten in Argentinien sei der richtige Weg, sagte Köhler beim Weltwirtschaftsforum in New York. dpa

Bericht *Seite 16*

Scharon: Weitere Treffen mit Palästinensern möglich

JERUSALEM. Israels Ministerpräsident Ariel Scharon hält weitere persönliche Gespräche mit führenden Vertretern der Palästinenser für möglich. Dass er sich mit dem Stellvertreter von Jassir Arafat, Machmud Abbas, getroffen habe, bedeute nicht, dass er seine politischen Prinzipien aufgegeben habe. Auch Arafat erklärte sich zu Friedensgesprächen mit Israel bereit. Zudem kündigte der Palästinenser-Präsident an, entschlossen gegen „terroristische" Organisationen vorzugehen. dpa/rtr

Grünen-Politiker bringen Rot-Rot-Grün ins Gespräch

PARTEIEN Müller bestreitet zustimmende Äußerung

BERLIN. Die angebliche Annäherung der Grünen an die PDS auf Bundesebene hat am Wochenende bei Politikern aller Parteien für Aufregung gesorgt. Das Magazin „Focus" hatte die Fraktionschefin Kerstin Müller mit den Worten zitiert: „Ich zweifle nicht an der Koalitionsfähigkeit der PDS, allerdings wollen wir für den Bund lieber eine eigene Mehrheit für Rot-Grün."

Die CDU wertete dies als Eingeständnis einer Bereitschaft der Grünen zu Rot-Rot-Grün. Sowohl Müller als auch Parteichef Fritz Kuhn dementierten allerdings mit Nachdruck derartige Koalitionsabsichten.

„Im Bundesvorstand und im Parteirat herrscht völliges Einvernehmen darüber, dass die Grünen im bevorstehenden Bundestagswahlkampf für eine klare rot-grüne Mehrheit kämpfen und nichts anderes", sagte Parteichef Fritz Kuhn. Alle anders lautenden Gerüchte seien „dummes Gerede". SPD-Generalsekretär Franz Müntefering erneuerte die ablehnende Haltung der Sozialdemokraten zu einer Zusammenarbeit mit der PDS.

Für CDU-Generalsekretär Laurenz Meyer steht dagegen fest: „Die Masken fallen." Parteichefin Angela Merkel sagte: „Es ist gut, dass jetzt Klarheit herrscht." Der Vorsitzende der FDP, Guido Westerwelle, erklärte, die Grünen „bereiten sich so auf den Fall vor, dass es für eine Fortsetzung von Rot-Grün allein nicht reicht."

Die Grünen-Bundestagsabgeordnete Irmingard Schewe-Gerigk aus Nordrhein-Westfalen sagte zu den Koalitionsplänen ihrer Partei: „Wenn das die einzige Alternative ist, eine Regierung Stoiber-Westerwelle aufzuhalten, dann lieber Rot-Rot-Grün." Ähnlich äußerte sich der baden-württembergische Bundestagsabgeordnete Winfried Hermann: „Wenn die einzige Möglichkeit, die Reformierung zu retten, darin besteht, die PDS mit ins Boot zu nehmen, dann wird Rot-Rot-Grün bei SPD und Grünen eine Mehrheit finden." dpa

Abmelden beim Umzug entfällt

VERWALTUNG Das Melderecht wird bürgerfreundlicher

BERLIN. Wer in Deutschland umzieht, braucht sich künftig nicht mehr abzumelden. Auch muss der Wohnungsgeber nicht mehr wie bisher das Anmeldeformular unterschreiben.

Diese Erleichterungen bringt das neue Melderechtsrahmengesetz mit sich, teilte das Bundesinnenministerium gestern in Berlin mit. Das vom Bundestag beschlossene Gesetz bedarf noch der Zustimmung des Bundesrates.

Laut Ministerium soll mit der Gesetzesänderung das melderechtliche Verfahren vereinfacht, beschleunigt und bürgerfreundlicher werden. Außerdem schafft das neue Recht die Voraussetzungen für den Einsatz moderner Kommunikationstechniken. Kosten und Zeit kann der Bürger sparen, wenn er sich nach einem Umzug von seinem heimischen PC auf elektronischem Wege anmeldet. Ferner wird die elektronische Selbstauskunft für die im Melderegister gespeicherten Daten zugelassen. dpa

SPORT

Bayern wahrt seine Titelchance 1. FC Köln jetzt Vorletzter

Der FC Bayern München wahrte mit dem 2:0 über Leverkusen seine letzte Titelchance in der Fußball-Bundesliga. Beim 1. FC Köln ist auch mit Christoph John keine Besserung in Sicht. *Seite 19*

Deutsche Handballer verlieren EM-Finale in der Verlängerung

Die deutsche Handball-Nationalmannschaft hat den Europameisterschafts-Titel knapp verpasst. Die DHB-Auswahl verlor das Finale gegen Schweden in Stockholm 31:33 nach Verlängern. *Seite 24*

Thomas Haas attackiert die deutsche Tennis-Verbandsspitze

Thomas Haas gerät immer mehr ins Abseits. Der deutsche Tennisprofi sorgte mit neuen Attacken gegen Verbandspräsident von Waldenfels für eine Eskalation im Daviscup-Streit. *Seite 24*

Klarer 99:77-Sieg der Bonner Baskets in Tübingen

Ein starkes drittes Viertel ebnete den Telekom Baskets Bonn in der Basketball-Bundesliga den Weg zum 99:77 bei Wired Minds Tübingen. Aleksandar Nadjfeji überragte mit 24 Punkten. *Seite 27*

Pützchen wird seiner Favoritenrolle gerecht

Tabellenführer Court Wiesel Pützchen gewann das Lokalderby in der Squash-Bundesliga gegen den 1. SC Bonn-Pennenfeld mit 3:1. Oliver Post überließt den Pennenfeldern den Ehrenpunkt. *Seite 28*

LOTTOZAHLEN

3 - 18 - 27 - 31 - 36 - 47
Zusatzzahl: 35, Superzahl: 3
Spiel 77: 2 6 9 9 7 5 1
Super 6: 1 9 0 7 4 7 (alle Angaben ohne Gewähr)
Seite 25

ÜBERSICHT

Textsorten in einer Zeitung

Textsorte	Merkmale/Definition
Bericht	umfangreichere ▶ Nachricht (s. u.)
Glosse	Kurzkommentar in witziger, oft auch polemischer (angriffslustiger) Form
Kommentar	Kommentare sind subjektive, wertende Texte, die aus einer bestimmten Perspektive geschrieben sind. Fakten werden bewertet, Vorgänge problematisiert, manchmal Hintergründe und Zusammenhänge erläutert.
Leserbrief	Leserbriefe nehmen in der Regel auf vorangegangene Presseartikel Bezug. Sie sind meist wertend und geben die subjektive Sicht der Schreibenden wieder. **Tipps für das Verfassen von Leserbriefen:** klarer Bezug, korrektes Zitieren, klares Ziel, klarer Standpunkt, gute Argumente, kurzer Text, Überarbeitung
Nachricht	Der Nachrichtenstil ist geprägt durch die Beschränkung auf Fakten und Vorgänge sowie das Bemühen um Objektivität, mit dem man den Tatsachen unvoreingenommen und unparteiisch gerecht werden will. Nachrichten sind meist im **Lead-Stil** (engl. *lead* = Spitzenstellung) aufgebaut: Die wichtigsten Informationen stehen am Textanfang, ehe eine zusammenhängende Darstellung mit Details folgt.
Reportage	Reportagen informieren in besonders lebendiger und anschaulicher Weise über Ereignisse; dabei kann auch das persönliche Erleben der Reporterin/des Reporters deutlich werden. Reportagen versuchen Atmosphäre einzufangen und führen mitten in ein Geschehen. Leserinnen und Leser sollen gedanklich und emotional in das Geschilderte hineingezogen werden. Jede Reportage bietet • die **Darstellung eines Erlebnisses,** z. B. des Besuchs einer Veranstaltung, • **Hintergrundinformationen,** in denen der Reporter sein Hintergrundwissen leserfreundlich darstellt, und • einen **Kommentar,** das heißt, der Reporter äußert seine Einschätzung der Veranstaltung. Diese drei Bereiche sind bei längeren Reportagen häufig vermischt. Eine spezielle Form der Reportage ist die **Sozialreportage,** die über wichtige soziale Probleme informiert und diese kommentiert und kritisiert. Diese kritische Sicht geht oft bis zur Parteilichkeit, mit der Interessen der Benachteiligten, Minderheiten oder Unterdrückten herausgestellt und Unmenschlichkeit entlarvt werden. Doch auch das Schöne oder einfach nur Alltägliche eines gesellschaftlichen Bereichs kann vermittelt werden.

Leitfragen zur Erschließung von Sachtexten

Bereich	Fragen
Inhalt und Aufbau	• Welche unbekannten Wörter müssen mit Hilfe eines Lexikons geklärt werden? • Welche Schlüsselwörter sollen markiert werden? • In welche Sinnabschnitte lässt sich der Text gliedern? • Mit welchen Überschriften kann man den Inhalt der Abschnitte zusammenfassen? • Wie lässt sich die Textstruktur in einem Schaubild zusammenfassen?
▶ S. 13 ▶ S. 13–14 **Argumentation**	• Welche ▶ Thesen stellt der Verfasser/die Verfasserin auf? • Mit welchen ▶ Argumenten werden die Thesen gestützt? • Liegt eine Scheinargumentation vor, die logische Zusammenhänge nur vortäuscht und mit Vorurteilen arbeitet?
Sprache ▶ S. 55	• Welcher Wortschatz prägt den Text (z. B. Umgangssprache, Fachausdrücke ...)? • Welche ▶ rhetorischen Mittel (Metaphern usw.) werden mit welcher Funktion verwendet? • Welche Art von Sätzen überwiegt (z. B. Reihung einfacher Hauptsätze oder Satzgefüge mit bestimmten Nebensatzarten)?
grafische Gestaltung	• Illustrieren die Abbildungen nur oder erklären sie genauer, was der Text nicht darstellt? • Wäre eine andere Art von Abbildung sinnvoll?

Schriftliche Analyse eines Sachtextes

Aufbau	Merkmale	Beispielformulierungen
A) Einleitung	Angabe zu Titel, Erscheinungsort und -termin, Textsorte, Thema	*Der Bericht „Lärm-Urteil setzt neue Maßstäbe" aus der „Kölnischen Rundschau" vom ... stellt im Wesentlichen ein Urteil des Kölner Verwaltungsgerichts dar, welches weit reichende Konsequenzen für viele Großveranstaltungen haben dürfte.*
B) Hauptteil	Analyse von Inhalt, Art der Darstellung, Wertungen usw.	
Inhalt und Aufbau	Angaben zu gedanklichem Aufbau und inhaltlichen Schwerpunkten	*Der Artikel stellt zunächst die Bedeutung des Gerichtsurteils heraus, erklärt in einem zweiten Schritt die Einzelheiten des Richterspruchs, lässt dann verschiedene Betroffene und Sachverständige zu Wort kommen und schließt mit ...*
Argumentation	Darstellung der wichtigsten Thesen und Argumente in ihrem gedanklichen Zusammenhang (Textbelege! ▶ Zitieren)	*Der Verfasser nennt seine Kernthese gleich im ersten Satz: „..." (Z. ...). Er stützt seine Behauptung im Folgenden durch ... Als Belege für die Richtigkeit der Aussage des Amtsleiters führt der Verfasser ... an.* ▶ S. 118–119
Sprache	Angabe zur Sprachgestaltung, zu sprachlichen Auffälligkeiten usw. (Textbelege! ▶ Zitieren)	*Der Artikel ist leicht verständlich, woraus sich schließen lässt, dass ... Die komplizierten Fachfragen, z. B. ..., werden vereinfacht dargestellt, sodass ... Auffällig häufig sind Formen der Redewiedergabe ... Der Autor sichert also seine Aussagen durch ... ab.* ▶ S. 118–119
grafische Gestaltung	Angaben zur äußeren Gestaltung des Artikels	*Die Überschrift des fünfspaltigen Artikels nennt informativ den Kern des Textes, ohne reißerisch zu wirken. Das Foto des Amtsleiters hat kaum Informationsgehalt, soll aber wohl ... Auf eine grafische Umsetzung des Zahlenmaterials wurde verzichtet, obwohl ...*
C) Schluss	Fazit der Analyse und evtl. kurze Bewertung	*Der Artikel ist ein typischer Bericht über ein lokales Thema ... Hilfreich wäre es gewesen, wenn über die reine Textdarstellung hinaus ...*

2.7 Medien und Werbung

Medien (Einzahl: das Medium) sind Mittel zur Weitergabe von Informationen und zur Unterhaltung. Man unterscheidet **Print-Medien** (z. B. Bücher, Zeitungen, Zeitschriften) und **audiovisuelle Medien** (z. B. Hörfunk, Film, Fernsehen). Das **Internet** stellt in gewisser Weise eine Mischform beider Medienbereiche dar.

Fernsehen

Zuschauer/-innen können heute zwischen dem **Free-TV** und dem **Pay-TV** wählen. Beim Pay-TV muss jeweils für einzelne Programme, Pakete von Sendungen (z. B. Fußballspiele, Filme) oder einzelne Sendungen bezahlt werden. Der Zugang zu diesen Angeboten erfolgt über einen Decoder.

Der Bereich des Free-TV setzt sich aus den **öffentlich-rechtlichen** Sendeanstalten und den **kommerziellen** Sendern, den so genannten „Privaten“, zusammen. Die öffentlich-rechtlichen Anstalten finanzieren sich zum größten Teil über Gebühren und zu einem geringeren Teil über Werbeeinnahmen; die kommerziellen Sender sind vollständig von Werbeeinnahmen abhängig. Über die Fernsehgebühren, die staatlich festgesetzt werden, finanziert der Staat die öffentlich-rechtlichen Fernsehsender, aber auch andere Leistungen in der Mediengesellschaft (z. B. das öffentlich-rechtliche Rundfunkangebot).

Die Anbieter von Fernsehprogrammen arbeiten zunehmend mit Sponsoren zusammen, die Teile von Sendungen oder ganze Sendungen finanzieren und die bei der Ausstrahlung von Filmen, Fußballspielen usw. erwähnt werden. Durch Sponsorenfinanzierung und Schleichwerbung (Werbung, die als solche nicht klar markiert ist) werden die Grenzen zwischen Programmverantwortlichen und Finanziers fließend.

Fernsehsender haben vielerlei Verfahren entwickelt, Zuschauer/-innen an sich zu binden, damit diese möglichst nicht zu anderen Programmen wechseln. Der Hintergrund ist, dass die Sendeanstalten, und zwar insbesondere die kommerziellen, das Ziel verfolgen, eine hohe Einschaltquote zu erzielen; denn über den Tausenderkontaktpreis (den Preis, den Werbekunden für jeweils 1000 Zuschauer/-innen bezahlen) berechnen sich Werbeeinnahmen der Sender. Für die Zuschauer/-innen bedeutet dies, dass sie mit sensationell aufgemachten Angeboten, dramatisierenden Präsentationsformen, populären Zugaben aus dem Medienverbund (Ear-Catching mit aktuellen Musiktiteln usw.), aber auch mit einer Vielzahl von Trailern in die Programme gelockt und dort festgehalten werden sollen.

Fernsehserien

Serien sind vor allem im Vorabendprogramm des **Fernsehens** weit verbreitet. Serien sind durch eine festgelegte, aber doch veränderbare Figurenkonstellation geprägt, sodass sich die Beziehungen der Figuren untereinander, ihre Konflikte usw. unendlich fortsetzen lassen. Man kann täglich (Daily Soap) und wöchentlich ausgestrahlte Serien (Weekly) unterscheiden, beide haben in der Regel feste Sendeplätze. Die Seifenopern **(Soap-Operas)** wurden ursprünglich von Waschmittel- und Seifenfirmen in Auftrag gegeben, um das Fernsehpublikum für ihre Werbekampagnen zu interessieren. Die meisten Soaps weisen in ihrer Dramaturgie eine **Drei-Episoden-Struktur** auf. Das Sequenzprinzip des ▶Spielfilms ist hier also in drei Handlungsstränge aufgelöst, die die Gesamthandlung einer Serienfolge bestimmen, indem sich einzelne Szenen der Handlungsstränge abwechseln und miteinander verzahnt sind. Die dramatische Zuspitzung am Ende einer Folge, der **Cliffhanger,** wird durch filmische Mittel (Zoom auf Naheinstellung, Freeze/„eingefrorenes" Bild, Einspielen der Titelmusik) unterstützt. Der Cliffhanger soll die Spannung auf den Fortgang der Handlung in der nächsten Folge erhöhen.

Talkshows

Talkshows sind Gesprächssendungen, die im Unterschied zu informierenden Diskussionssendungen eher der Unterhaltung dienen. Lange Zeit waren Talkshows die Quotenhits im Fernsehen. In diesen Shows, die häufig am Nachmittag gesendet werden, berichten Menschen über ihre privaten Erfahrungen. Bevorzugte Themen sind oft Beziehungsprobleme, Alltagssorgen oder Berichte über Lebenskrisen. ▶ S. 64 Ablauf und Inszenierung der Sendungen werden genau geplant und es werden filmische Mittel eingesetzt, um möglichst hohe Einschaltquoten zu erzielen.

Film

Beim Film lassen sich **Dokumentarfilm** und **Spielfilm** unterscheiden. Ein Spielfilm hat eine (meist fiktive) Handlung und einen ähnlichen dramaturgischen Aufbau wie ein Drama: In der **Exposition** werden wesentliche Motive und alle wichtigen Figuren vorgestellt. Die Szenen setzen sich zu einzelnen Handlungseinheiten **(Sequenzen)** zusammen; diese sind in sich geschlossene Einheiten mit eigener Spannungskurve. **Wendepunkte** lassen die äußere oder innere Handlung einen unerwarteten Verlauf nehmen. Meist gibt es einen Wendepunkt unmittelbar nach der Exposition sowie einen weiteren gegen Ende des Films. Von einem **Happy End** spricht man, wenn sich die Handlung aus Sicht der Hauptfigur(en) am Ende zum Guten wendet.

Dramaturgischer Aufbau eines Spielfilms

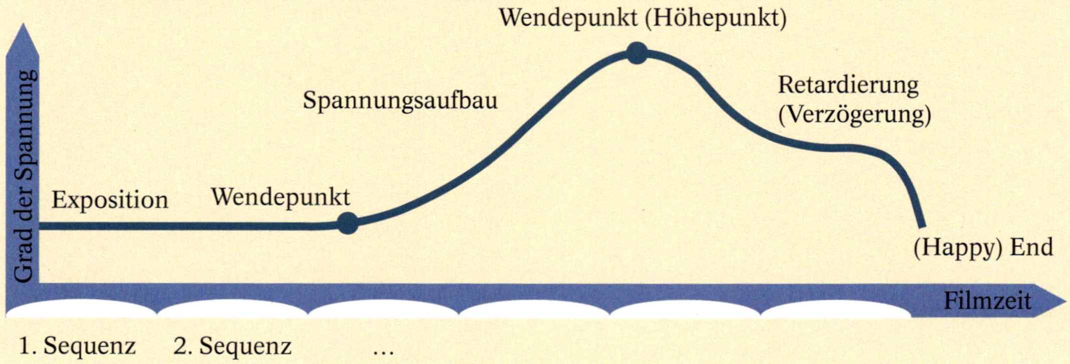

Textgrundlage jeder Fernsehserie und jedes Films ist das **Drehbuch.** Dem Drehbuch voran geht zunächst ein **Entwurf** (Exposé), der die Haupthandlung (den **Plot**) kurz skizziert. Der Entwurf wird ergänzt durch genauere Festlegungen der Handlungsabläufe, Angaben zu den Schauplätzen und den Charakteren (es entsteht ein so genanntes **Treatment**). Erst das Drehbuch enthält eine genaue Einteilung der Szenen und ist die eigentliche Arbeitsgrundlage bei den Aufnahmen. Handlungsabläufe und Dialoge sind hier (oft in zwei Parallelspalten) festgelegt. Das Drehbuch enthält außerdem Angaben über Handlungsort (innen/außen) und -zeitpunkt (Tag/Nacht). Dies ist vor allem für die Ausleuchtung und die Ausstattung der Szene wichtig.

Kameraführung

▶ S. 65 Auf der Basis des Drehbuchs werden die ▶ **Kameraeinstellungen** festgelegt. Die Einstellungsgröße legt den Bildausschnitt fest; je kleiner der Bildausschnitt ist, desto näher scheint der Betrachter am Geschehen zu sein. Man unterscheidet (von nah nach weit): Detail, Groß, Nah, Américaine, Halbnah, Halbtotale, Totale, Weit/Panorama.

Ändert sich die Einstellungsgröße während einer Einstellung, spricht man von einem **Zoom.** Der Standpunkt der Kamera und – damit verbunden – ihr Blickwinkel wird als **Kameraperspektive** bezeichnet. Man unterscheidet neben der Normalsicht (in Augenhöhe) die beiden Extrempositionen: Froschperspektive (= Kamera von unten) und Vogelperspektive (= Kamera von oben). Hinzu kommt die Möglichkeit, die Kamera selbst zu bewegen. Diese **Kamerabewegung** kann (theoretisch) in ihren drei Bildachsen erfolgen: waagerecht als Schwenk, senkrecht als Neigen und in der Querachse als Rollen. Wenn sich der Standpunkt der Kamera verändert, spricht man von einer **Kamerafahrt,** die auf Schienen, mit einem Kamerawagen (Dolly) oder einem Kran erfolgen kann. In der Kombination von Einstellungsgröße, Kameraperspektive und Kamerabewegung lassen sich filmische Effekte erzielen, insbesondere wenn von den üblichen Kameraeinstellungen abgewichen wird.

Übersicht: Einstellungsgrößen

	Detail	**Groß**	**Nah**	**Américaine**
	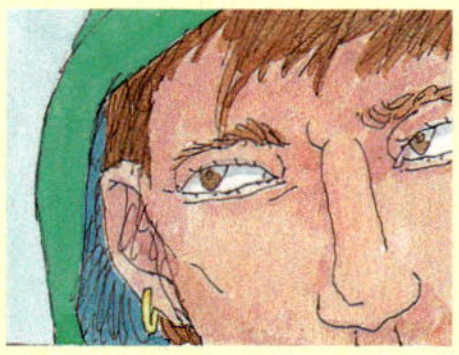			
umfasst:	nur Teile eines Gesichts	wie ein Ausweisfoto; der Kopf kann aber angeschnitten sein	Brustbild	Person bis zum Gürtel oder „bis zum Colt“
betont:	Blicke	Blicke, Mimik	Mimik	Gestik

	Halbnah	**Halbtotale**	**Totale**	**Weit/Panorama**

umfasst:	Person bildfüllend oder unten leicht angeschnitten	Person in geringer Raumtiefe	Person mit Großteil des Handlungsraums	Landschaft
betont:	Gestik			

Übersicht: Kamerabewegungen

Schwenk

Rollen

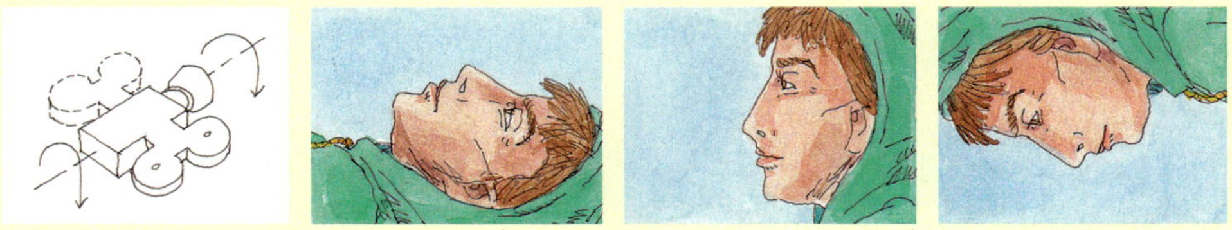

Neigen

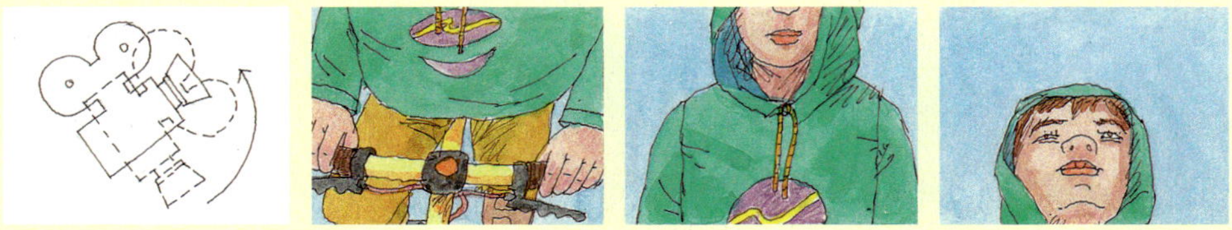

Der Schwenk ist die üblichste dieser drei Grundbewegungen. Das Rollen kommt am seltensten vor, da es eher verwirrt als neue Informationen vermittelt. Durch das Neigen entstehen die **Vogelperspektive** (Überlegenheit), **Normalsicht** und **Froschperspektive** (Bedrohlichkeit).

Werbung

Werbung spielt in allen Medien eine große Rolle. Oft finanzieren sich Zeitungen, Fernsehsender oder Internetseiten teilweise über gezeigte oder abgedruckte Werbung. In Filmen wird auch oft unerlaubt für Produkte geworben (so genannte „Schleichwerbung“). Es kommt aber auch vor, dass ein Auftraggeber einen Film sponsert und dafür sein Produkt im Film untergebracht wird (Productplacement). Die Auftraggeber der Werbeanzeigen, Werbespots oder Werbebanner im Internet erhoffen sich durch die Werbung für ihr Produkt oder ihre Werbebotschaft eine breite Aufmerksamkeit bei möglichen Käufern oder interessierten Zielgruppen.

Werbeinhalte
- Produkt, Konsumgegenstand
- Dienstleistung
- Politik
- Verhalten, Bewusstsein

Aufbau einer Werbeanzeige
- Blickfang (Eyecatcher)
- Überschrift (Headline)
- Fließtext
- Slogan

Die **Sprache** der Werbung bevorzugt auffällige Formulierungen wie Wortschöpfungen, rhetorische Mittel, grammatische Varianten der Sprachhandlung „Auffordern". Der Konsument soll mit den in der Werbeanzeige benutzten Wörtern und dem Produktnamen auch bestimmte Vorstellungen verbinden.
Beispiel:
Mit dem Produktnamen „Palmolive" für eine Seife wird neben der Reinigungskraft über die Wortbestandteile „Palme" (Vorstellung von Strand, Urlaub, Süden) und „Olive" (Duft, südländisches Flair) die Lust an Wasser, Freizeit, Reisen, Ferne, Liebe, Träumen angesprochen. – Die Produkte werden durch optische oder verbale Reize mit geheimen Wünschen, Leitbildern, positiven Vorstellungen verbunden. Die Werbung gibt vor, dass mit dem Kauf eines Produktes auch die angesprochenen Wünsche in Erfüllung gehen.

Wirkung von Werbung

A	I	D	A
Attention ➤	**Interest** ➤	**Desire** ➤	**Action**
Aufmerksamkeit beim Konsumenten erregen, z. B. durch einen Blickfang	vorhandene Interessen ansprechen, z. B. in einem Slogan	Begierde, Kaufwunsch auslösen	Handeln (z. B. Kauf) bewirken

Internet

Das **Internet** (engl. inter = zwischen, net = Netz) ist ein internationales Netz aus Computern, Telefon- und Datenleitungen. Es dient der Kommunikation und Information. Um ins Internet zu kommen, braucht man einen Computer, ein Modem oder z. B. einen ISDN-Adapter, eine Telefonleitung und eine Zugangsberechtigung. Letztere erhält man über einen Provider, eine Firma, die den Zugang zum Internet herstellt.
Mit einem speziellen Programm, einem **Browser,** kann man die Internetseite öffen, lesen und darin blättern.

Symbolleiste und Eingabefeld eines Browsers:

Die Seiten im Internet haben Adressen, über die sie aufgerufen werden können. Man gibt dazu die Internetadresse ins Eingabefeld des Browserfensters ein. Der Aufbau von Internetadressen ist festgelegt. Die Adresse muss ganz genau eingetragen werden, mit Punkten, Zwischenräumen oder Schrägstrichen.

Aufbau einer Adresse im Internet:

Wenn man sich im Internet bewegt, verschiedene Seiten aufsucht und auf Seiten hin- und herklickt, spricht man vom „Surfen“ im Internet.

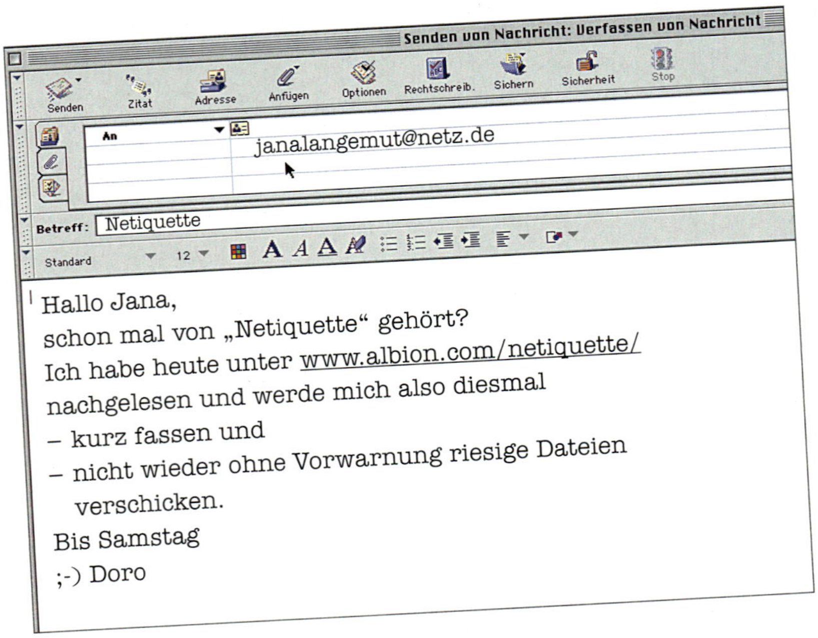

Im Internet werden verschiedene Dienste angeboten, so z. B. das World Wide Web (abgekürzt „www“), das nur einen Teil des Internets darstellt, **E-Mails** (das Versenden elektronischer Post), **Chatten** (das Kommunizieren im Netz), **Newsgroups** oder **E-Commerce** (Einkaufen über das Internet). Für das Versenden von E-Mails und für den Umgang bei Chats gibt es bestimmte Schreib- und Verhaltensregeln, die so genannte **Netiquette.**

Um im Internet nach Informationen suchen zu können, kann man bestimmte **Suchdienste** benutzen. Suchdienste sammeln viele Internetadressen in Datenbanken. Bei **Suchmaschinen** gibt man das gesuchte Schlagwort in das Eingabefeld ein und klickt auf „Suchen“. Die Suchmaschine zeigt dann Listen von Internetadressen an, auf denen das gesuchte Schlagwort vorkommt. Die Internetadressen werden als **Links** (Verknüpfungen) angezeigt, sodass man sie gleich anklicken kann und mit ihnen verbunden wird. Die verschiedenen Suchmaschinen arbeiten unterschiedlich, viele sortieren die Reihenfolge nach wirklich wichtigen Internetadressen.

Gibt man z.B. das Schlagwort „Unesco“ ein, so sollte die Adresse der Homepage der Unesco ganz obenan stehen.

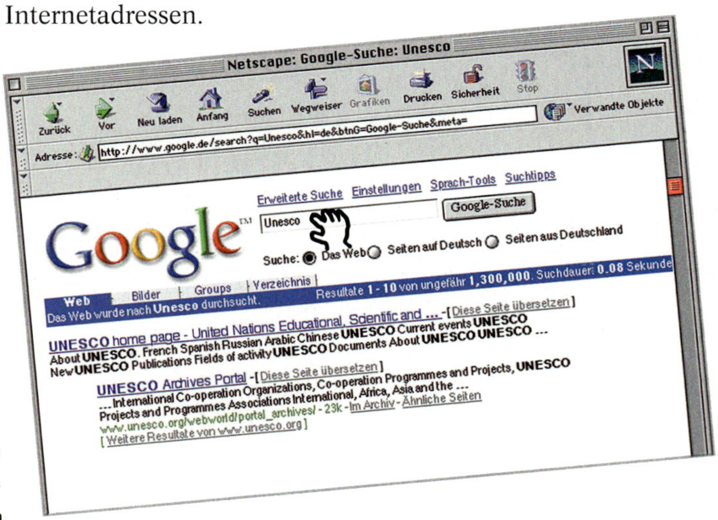

Seiten im Internet sind mit einer speziellen Sprache, nämlich **HTML** (= Hypertext Markup Language) geschrieben. Man muss allerdings diese Sprache nicht kennen, um Seiten im Internet lesen zu können oder um solche Seiten selbst zu verfassen. Für das Lesen von Internetseiten wandelt der Browser HTML automatisch um. Schreibt man Texte für das Internet, benutzt man dazu spezielle Programme, die ähnlich wie ein Textverarbeitungsprogramm funktionieren und die Seiten automatisch in HTML umwandeln.

Seiten im Internet sind nicht wie Buchseiten aufgebaut. Auf Internetseiten gibt es vielmehr Verknüpfungen, so genannte Links, über die man durch Anklicken zu anderen Internetseiten gelangt. Man spricht wegen der verzweigten Struktur von Internetseiten von **Hypertexten.**

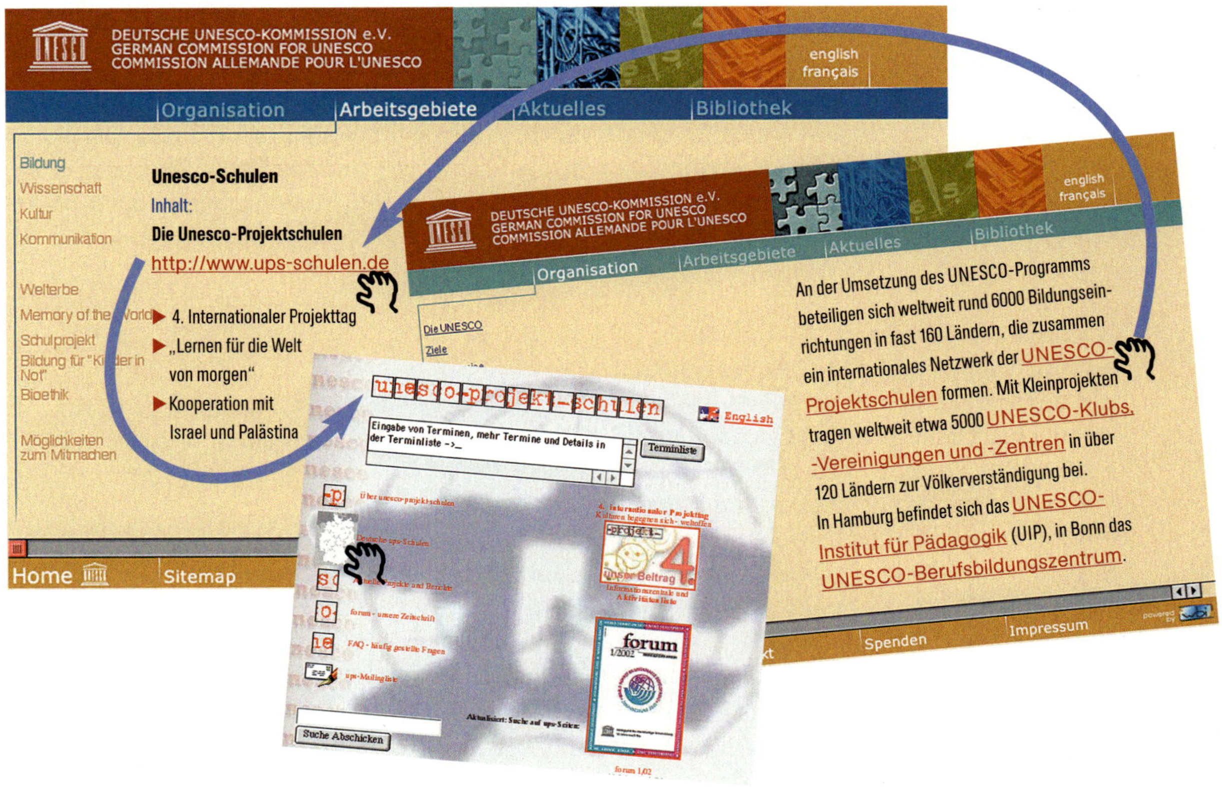

3 Grammatik – Nachdenken über Sprache

Die **Grammatik** beschreibt unsere Sprache. Normalerweise benutzen Muttersprachler ihre Sprache automatisch regelgerecht. Dabei liegt es an der Sprech- oder Schreibsituation, inwieweit man den Regeln der Grammatik folgen muss oder einen größeren Spielraum hat, um z. B. Dialekt zu verwenden oder Abweichungen kreativ einzusetzen. Kommt es jedoch zu Verstößen gegen grammatische Normen, fällt das anderen Menschen schnell auf, da alle Muttersprachler ein gewisses Grundwissen von der deutschen Sprache besitzen, auch wenn sie die Regeln nicht unbedingt erklären können.

Nachdenken über Sprache ist zum Beispiel dann gefragt,
- wenn einem an der Sprache etwas auffällt;
- wenn es zu Lese- und Verstehensproblemen oder zu Missverständnissen kommt;
- wenn man seine Texte korrigieren und verbessern will;
- wenn man an einem Text etwas besonders gelungen findet;
- wenn man sich über eine Ausdrucksform streiten kann;
- wenn man über Sprache mehr theoretisches Wissen erlangen will;
- wenn man sich eine Rechtschreibregel grammatisch klar machen will.

Um Regelungen der Sprache und Erklärungen zu verstehen, ist es gut, über Sprache mit den vorhandenen Fachbegriffen reden zu können. Im Folgenden werden die wichtigsten und gebräuchlichsten Formen, Funktionen und Regeln mit den entsprechenden Fachbegriffen im Überblick dargestellt.

3.1 Wortarten

Wortarten im Überblick

Wortarten

flektierbar
(durch Beugung veränderbar)

deklinierbar
- Nomen (*Gabel, Lamm*)
- Artikel (*eine, das*)
- Pronomen (*ich, unser*)
- Adjektive (*schnell, gut*)
- Numerale (Zahlwörter: *zwei, vierter*)

konjugierbar
- Verb (*essen, üben*)

nicht flektierbar
- Adverb (*morgen, stets*)
- Präposition (*auf, nach*)
- Konjunktion (*und, weil*)
- Interjektion (*ach, oh*)

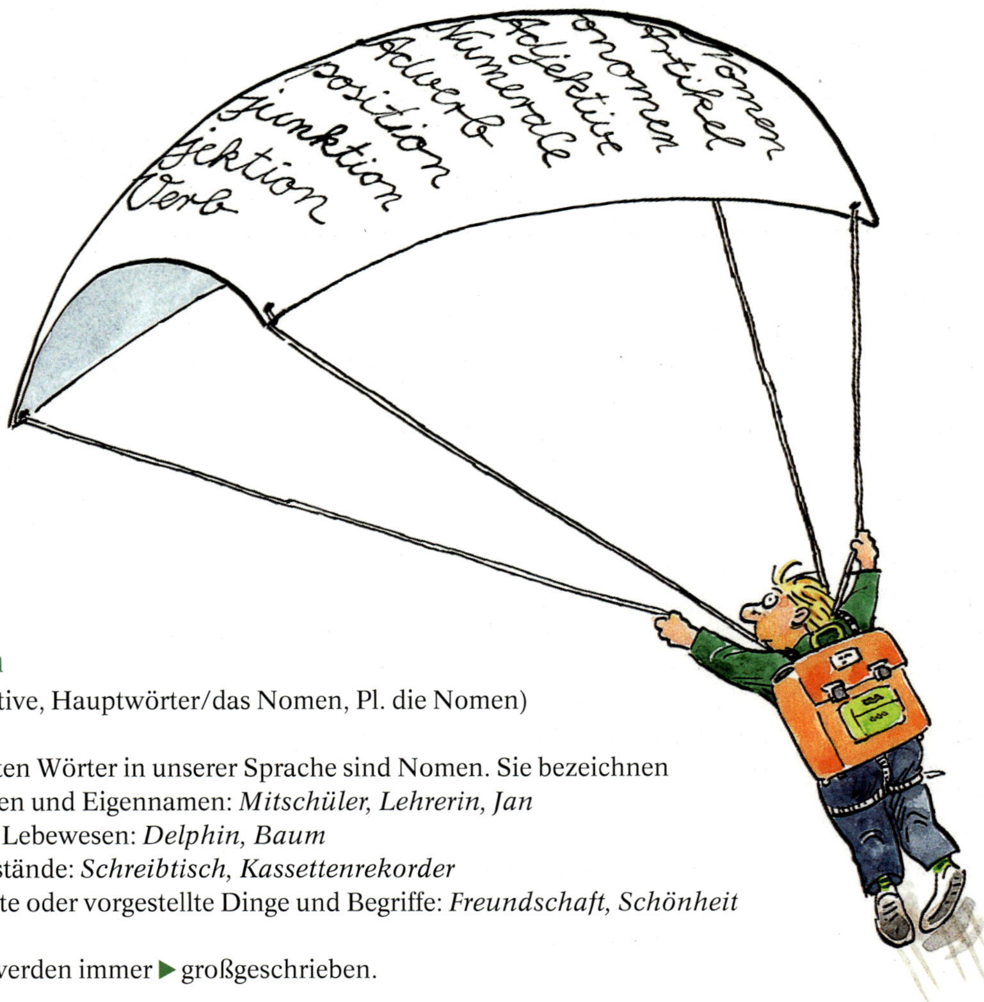

Nomen

(Substantive, Hauptwörter/das Nomen, Pl. die Nomen)

Die meisten Wörter in unserer Sprache sind Nomen. Sie bezeichnen
- Personen und Eigennamen: *Mitschüler, Lehrerin, Jan*
- andere Lebewesen: *Delphin, Baum*
- Gegenstände: *Schreibtisch, Kassettenrekorder*
- gedachte oder vorgestellte Dinge und Begriffe: *Freundschaft, Schönheit*

Nomen werden immer ▶ großgeschrieben. ▶ S. 106–107

Deklination (Beugung) der Nomen

Wenn man ein Nomen und seinen Artikel in einen Kasus (grammatischer Fall) oder Numerus (Anzahl: Singular oder Plural) setzt, nennt man das **deklinieren** (beugen).

Genus	Numerus	Kasus
Jedes Nomen hat ein **Genus** (grammatisches Geschlecht/das Genus, Pl. die Genera), das man an seinem Artikel (Begleiter) erkennen kann: Ein Nomen ist entweder • **Maskulinum** (männlich), z. B.: *der Löffel …* oder • **Femininum** (weiblich), z. B.: *die Gabel …* oder • **Neutrum** (sächlich), z. B.: *das Messer.* Das grammatische Geschlecht muss mit dem natürlichen Geschlecht nicht übereinstimmen; so kann *das Kind* sowohl einen Jungen als auch ein Mädchen bezeichnen.	Nomen haben einen **Numerus** (Anzahl/der Numerus, Pl. Numeri): • **Singular** (Einzahl): *das Kind* • **Plural** (Mehrzahl): *die Kinder*	In Sätzen erscheinen Nomen immer in einem bestimmten **Kasus** (grammatischer Fall/der Kasus, Pl. die Kasus). Der Kasus ist meist am Artikel des Nomens zu erkennen und manchmal auch an der Endung des Nomens. Im Deutschen gibt es vier Fälle. Man kann den Kasus eines Nomens und seines Begleiters durch Fragen ermitteln: • **Der Nominativ** antwortet auf die Fragen „Wer …?“ oder „Was …?“: „*Wer* rettete den Jungen? – *Die Feuerwehrleute* retteten den Jungen.“ – „*Was* hat zuerst nicht funktioniert? – *Eine Drehleiter …*“ • Nach dem **Genitiv** fragt man „Wessen … ?“: „*Wessen* Drehleiter funktionierte nicht? – Die Drehleiter *der Feuerwehrleute …*“ • Mit der Frage „Wem … ?“ ermittelt man den **Dativ:** „*Wem* dankten die Eltern für die Rettung? – Die Eltern dankten *den Feuerwehrleuten …*“ • Den **Akkusativ** erhält man auf die Fragen „Wen …?“ oder „Was …?“: „*Wen* haben die Anwohner benachrichtigt? – Die Anwohner haben *die Feuerwehrleute* benachrichtigt.“ – „*Was* haben die Feuerwehrleute repariert? – Die Feuerwehrleute haben *die Drehleiter* repariert.“

Kasus	Singular/Plural
1. Fall **Nominativ** „Wer?“ oder „Was?“	*der Löffel/die Löffel* *die Gabel/die Gabeln* *das Messer/die Messer*
2. Fall **Genitiv** „Wessen?“	*des Löffels/der Löffel* *der Gabel/der Gabeln* *des Messers/der Messer*
3. Fall **Dativ** „Wem?“	*dem Löffel/den Löffeln* *der Gabel/den Gabeln* *dem Messer/den Messern*
4. Fall **Akkusativ** „Wen?“ oder „Was?“	*den Löffel/die Löffel* *die Gabel/die Gabeln* *das Messer/die Messer*

Artikel

(Begleiter der Nomen/der Artikel, Pl. die Artikel)
Man unterscheidet den **bestimmten Artikel** (*der* Mann, *die* Frau, *das* Kind) und den **unbestimmten Artikel** (*ein* Freund, *eine* Freundin). Artikel stehen in demselben Kasus wie die Nomen, die sie begleiten: *den Kindern* (Dativ Plural).

Adjektive

(Eigenschaftswörter/das Adjektiv, Pl. die Adjektive)
Adjektive dienen dazu, Personen, Dinge usw. genauer zu beschreiben.
Adjektive lassen sich wie Nomen flektieren (beugen): „ein neu*es* Bett – eine neu*e* Lampe".
Adjektive lassen sich – bis auf Ausnahmen wie *einzig* oder *tot* – steigern:

- Man benutzt für den Normalfall die Grundform des Adjektivs, den **Positiv,** z. B. *alt.*
- Will man zwei Dinge oder Personen miteinander vergleichen, verwendet man den **Komparativ** (die Vergleichsstufe) des Adjektivs: „Melanie ist *älter* als Anne."
- Bei Vergleichen zwischen mehreren Dingen oder Personen kann man mit dem **Superlativ** (der Höchststufe) noch weiter steigern: „Von den drei Schwestern ist Maria *am ältesten.*"

Erklärt ein Adjektiv ein Nomen genauer, stimmt es mit ihm in Kasus, Genus und Numerus überein: „der *spannende* Film". Als **adverbiale Bestimmungen** können Adjektive zwar gesteigert werden, bleiben ansonsten aber endungslos: „Der Reporter berichtet *spannend.*"

Pronomen

(Stellvertreter/das Pronomen, Pl. die Pronomen)
Pronomen werden dekliniert: *„manches* Kind – *manche* Kinder"
Pronomen können als **Begleiter** der Nomen gebraucht werden: *„Manche* Frauen mögen Skat spielen."
Pronomen können als **Stellvertreter** an Stelle eines Nomens oder einer Wortgruppe mit Nomen gebraucht werden: *„Die Frauen* spielen Karten. *Sie* sitzen im Wohnzimmer."
Pronomen stellen **Verknüpfungen** in Texten her:

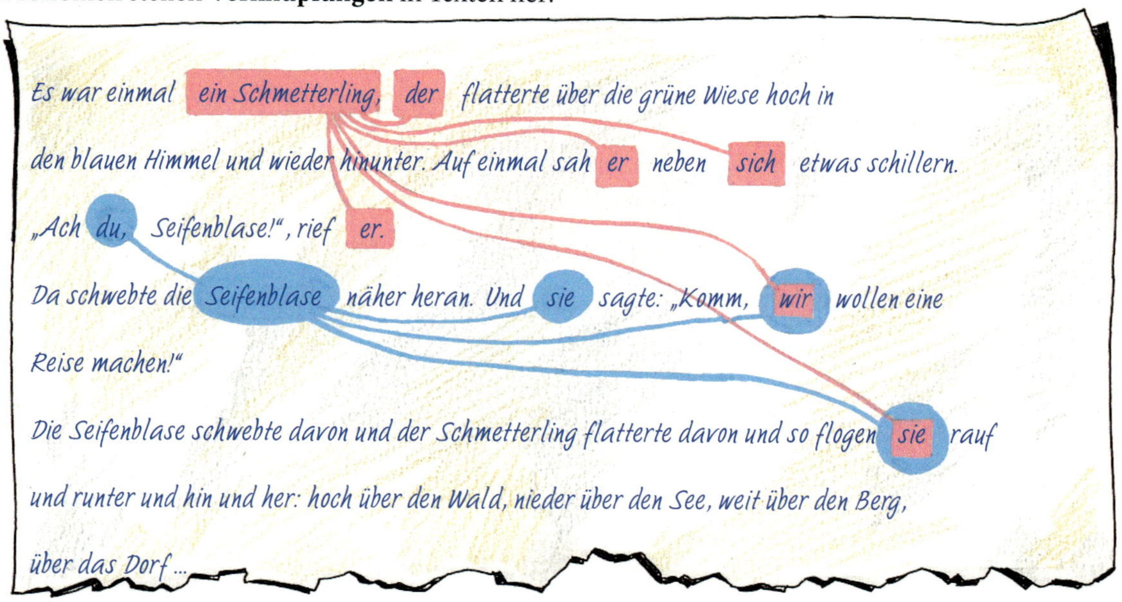

Es gibt verschiedene Arten von Pronomen:

- **Personalpronomen** (persönliche Pronomen): *ich, du, er/sie/es, wir, ihr, sie*
- **Possessivpronomen** (besitzanzeigende Pronomen): *mein, dein, sein, unser, euer, ihr* usw.
- **Reflexivpronomen** (rückbezügliche Pronomen): *mich, dich, sich, uns, euch, sich*; sie beziehen sich meist auf das Subjekt des Satzes, z. B.: „Sie beeilt *sich.*"
- **Demonstrativpronomen** (hinweisende Pronomen): *dieses, jene*; mit ihnen kann man auf etwas zeigen und hinweisen.
- **Indefinitpronomen** (unbestimmte Pronomen): *etwas, einige, manche*; mit ihnen macht man ungefähre Mengenangaben.
- **Interrogativpronomen** (Fragepronomen): *wer, was, welche/r*; sie leiten Frage- und Ausrufesätze ein.
- **Relativpronomen:** *der, die, das/welcher, welche, welches*; sie leiten Nebensätze (Relativsätze) ein und beziehen sich auf ein Nomen oder Pronomen zurück: „Das Haus, *das* am Kanal lag, wurde verkauft. – Das Haus, *welches* …"

Bei der Verwendung von Pronomen muss man besonders darauf achten, dass immer deutlich ist, worauf sich das Pronomen **bezieht.** Sonst kann es zu Missverständnissen kommen wie in den Sätzen: „Die Zoobesucher freuten sich über die Affen. *Sie* lausten sich gegenseitig."

Unterscheide:

„Er ärgert *sich.*"	„Er ärgert *mich.*"
↓ ↓	↓ ↓
gleiche Person: Reflexivpronomen	verschiedene Personen: Personalpronomen

Verben

(Tätigkeitswörter/das Verb, Pl. die Verben)
Verben geben an, was ist, was geschieht oder was jemand tut, z. B. *haben, regnen, gehen.*
Wenn wir Verben in Sätzen verwenden, bilden wir aus dem **Infinitiv** (Grundform) des Verbs meistens die **Personalform**, z. B.: *gehen → er geht.*
Setzt man Verben in die verschiedenen Personalformen, nennt man dies **konjugieren** (beugen).
Weitere Formen des Verbs sind das **Partizip I**, z. B. *gehend,* und das **Partizip II**, z. B. *gegangen.*

Die Befehlsform des Verbs ist der **Imperativ**. Er kann an Einzelne oder an mehrere Personen gerichtet sein: *„Geh(e)!" – „Geht!"*
Achtung, den richtigen Imperativ nutzen: *geben → gib, sehen → sieh, essen → iss …*

Hilfsverben (*haben, sein, werden*) und **Modalverben** (*wollen, sollen, können, müssen, dürfen, mögen*) treten vorwiegend in Verbindung mit Vollverben (z. B. *springen, rufen, schreiben*) auf: „Sie *hat* gerufen. Wir *können* jetzt schreiben."

Tempus der Verben

Verben lassen sich in verschiedene **Tempora** (Zeitformen/das Tempus, Pl. die Tempora) setzen: Präsens, Perfekt, Futur ... Die Tempora sagen uns, *wann* das im Satz Mitgeteilte passiert. Sie stimmen meistens mit den Zeitstufen – Gegenwart, Vergangenheit, Zukunft – überein.

- Mit dem **Präsens** können wir ausdrücken, dass etwas in der Gegenwart geschieht: „Ich *lese* gerade." Im Präsens stehen aber auch solche Aussagen, die immer gelten, z. B.: „Ferien *machen* Spaß."
- Mit dem **Futur** können wir auf Zukünftiges verweisen: „Ich *werde* ans Meer *fahren.*"
  Häufig benutzen wir Zeitangaben, um die Zukunft anzuzeigen, die Verbform kann dann im Präsens bleiben, z. B.: *„Morgen fahre* ich ans Meer."
- Ein selten gebrauchtes Tempus ist das **Futur II.** Man verwendet es, wenn man ausdrücken will, dass etwas in Zukunft abgeschlossen sein wird: „Bis heute Abend *werde* ich die Hausaufgaben *erledigt haben.*"
- Mit dem **Perfekt** wird meistens in mündlichen Erzählungen Vergangenes ausgedrückt: „ich *habe gesehen*" – „ich *bin gegangen*". Das Perfekt verdeutlicht, dass etwas abgeschlossen ist.
- Das **Präteritum** wird bei schriftlichen Erzählungen und Berichten für die Wiedergabe des Vergangenen genutzt: „ich *ging*", „ich *sah*".
- Das **Plusquamperfekt** wird für den Ausdruck der Vorzeitigkeit verwendet: „Nachdem ich alles *erfahren hatte,* bin ich fortgegangen." – „Wir *waren* gerade *eingeschlafen,* als das Gewitter losbrach." Es handelt sich dabei um eine Zeitform, die nur in Beziehung zu einem anderen Tempus gebraucht wird. Sie ist daher hauptsächlich in Satzgefügen (Haupt- und Nebensatz) zu finden. Das Plusquamperfekt wird gebildet aus der Personalform der Hilfsverben „haben" oder „sein" (*ich hatte/wir waren*) und dem Partizip Perfekt des Vollverbs (*gegangen/eingeschlafen*).

Je nachdem, wie das Präteritum und das Partizip II gebildet werden, unterscheidet man schwache, starke und unregelmäßige Verben:

	Infinitiv	Präteritum	Partizip II
schwache Verben Der *Stammvokal* ändert sich nicht; es wird durch **-te** oder **-t** konjugiert.	*wandern* *reden* *spielen*	*wanderte* *redete* *spielte*	*gewandert* *geredet* *gespielt*
starke Verben Der *Stammvokal* ändert sich beim Konjugieren; Partizip auf **-en.**	*helfen* *binden* *reiten*	*half* *band* *ritt*	*geholfen* *gebunden* *geritten*
unregelmäßige Verben Der *Stammvokal* ändert sich; Endung aber wie bei schwachen Verben: **-te/-t.**	*bringen* *denken* *mögen*	*brachte* *dachte* *mochte*	*gebracht* *gedacht* *gemocht*

	Bestandteile der zusammengesetzten Tempusformen	**Beispiele**
Präsens		ich *lese,* du *liest* …
Futur	Präsens von *werden* + Infinitiv	ich *werde lesen,* du *wirst lesen* …
Futur II	Präsens von *werden* + Partizip II + Infinitiv von *haben/sein*	ich *werde gelesen haben,* du *wirst gelesen haben* …
Präteritum		ich *las,* du *lasest* …
Perfekt	Präsens von *haben/sein* + Partizip II	ich *habe gelesen,* du *hast gelesen* …
Plusquamperfekt	Präteritum von *haben/sein* + Partizip II	ich *hatte gelesen,* du *hattest gelesen* …

Tempora beim schriftlichen Erzählen

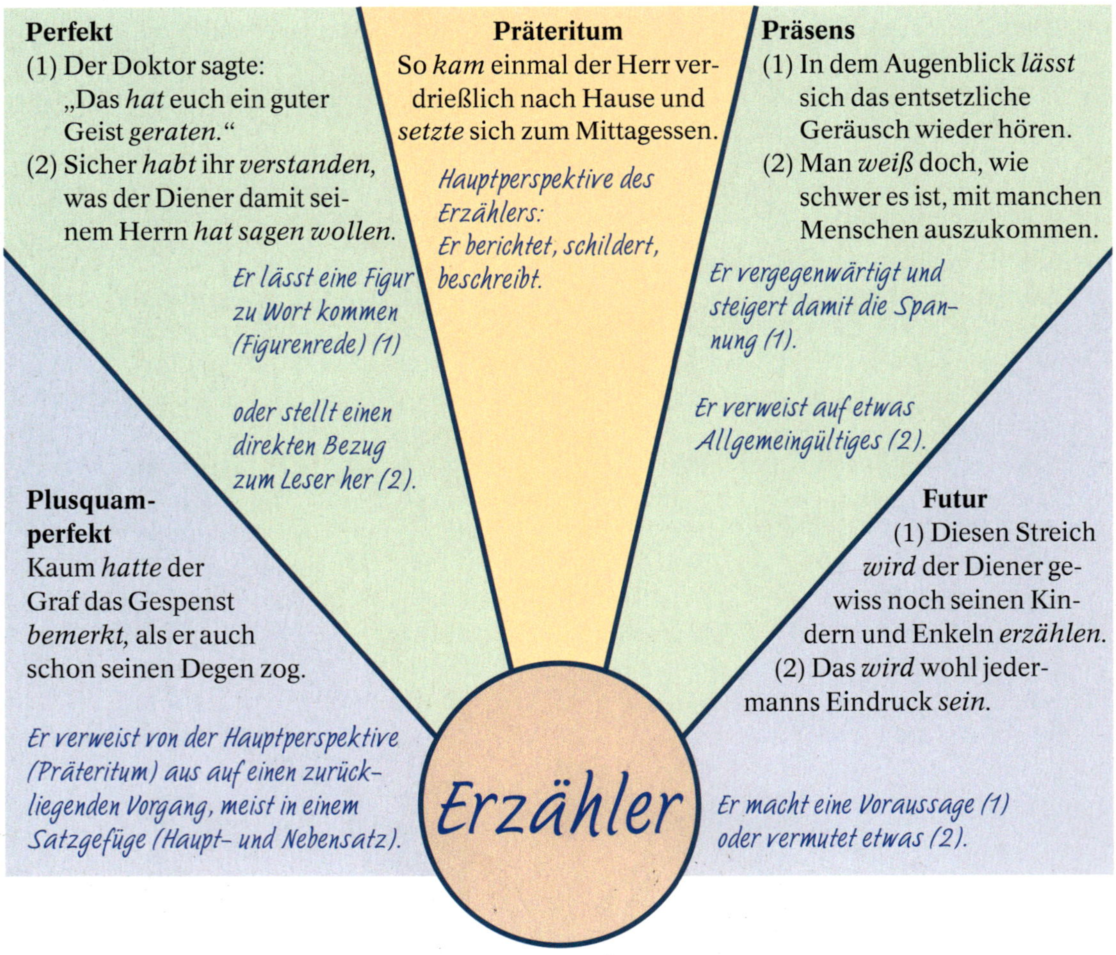

Adverb

(Umstandswort/das Adverb, Pl. die Adverbien)
Adverbien machen (in einem Wort!) nähere Angaben zu den Handlungen oder Vorgängen, die mit dem Verb dargestellt werden; sie stehen also „beim Verb" (lat. ad = bei): „Sie schliefen *sofort.*" Oft bezieht sich das Adverb auf die ganze Satzaussage.
Diese Wortart kann man leicht mit dem Adjektiv verwechseln. Das Adverb ist aber im Gegensatz zum Adjektiv (bis auf wenige Ausnahmen) nicht flektierbar: *heute, abends, probeweise, heimwärts, dort.*
Adverbien können auch den logischen Zusammenhang zwischen einzelnen Äußerungen sprachlich deutlich machen:
Adverbien mit satzverknüpfender Funktion:
temporal (Zeit): *anfangs, inzwischen, vorher, endlich …*
modal (Art und Weise): *dadurch …*
kausal (Grund/Ursache): *darum, deswegen*
konditional (Bedingung): *sonst, andernfalls*
konzessiv (Gegengrund/Einwand): *trotzdem, dennoch …*
final (Absicht/Zweck): *dazu, darum …*
konsekutiv (Folge): *so, also, folglich*

Präpositionen

(Verhältniswörter/die Präposition, Pl. die Präpositionen). Präpositionen sind Wörter wie *in, auf, nach, vor.* Sie drücken oft ein örtliches (*vor* dem Haus) oder zeitliches (*vor* einer Stunde) **Verhältnis** aus. Die Präposition steht vor einem Nomen (mit oder ohne Begleiter) oder einem Pronomen. Sie bestimmt den Kasus des nachfolgenden Worts oder der Wortgruppe: *in das Haus, neben dem Haus, wegen des Hauses.*

Konjunktionen

(Bindewörter/die Konjunktion, Pl. die Konjunktionen). Konjunktionen sind nicht flektierbare Wörter. Sie verknüpfen Sätze oder Teile von Sätzen miteinander. Man unterscheidet

- **nebenordnende Konjunktionen,** z.B. *und, oder, aber.* Sie verbinden Wörter, Wortgruppen und Sätze, die grammatisch gleichrangig nebeneinander stehen;
- **unterordnende Konjunktionen,** z.B. *weil, da, obwohl, wenn, als, nachdem, dass.* Sie leiten eine bestimmte Gruppe von Nebensätzen ein. Sie binden diese Nebensätze an einen übergeordneten Teilsatz (Hauptsatz).

Wozu auf die Wortarten achten?

Wortartenwechsel beachten

Es gibt viele Übergänge zwischen den Wortarten der Nomen, Verben, Adjektive, Pronomen, die
▶ S. 107–109 man z. B. für die ▶ Rechtschreibung im Blick halten muss:

Verb → Nomen: *schlafen – das Schlafen*	Verb → Adjektiv: *trinken – trinkbar*
Nomen → Verb: *Wasser – wässern*	Nomen → Adjektiv: *Ägypten – ägyptisch*
Adjektiv → Nomen: *schnell – Schnelligkeit*	Adjektiv → Verb: *schön – beschönigen*
Pronomen → Nomen: *ich – das Ich*	Pronomen → Verb: *du – duzen*

▶ S. 79, 107 Hilfreich ist es z. B., auf ▶ Ableitungen mit Suffix zu achten:
Nomen: schön → Schön*heit*, dankbar → Dankbar*keit*, eigen → Eigen*tum*, bedienen → Bedie*nung*
Adjektive: Fürsorge → fürsorg*lich*, Furcht → furcht*bar*, Grauen → grauen*haft*, Macht → mächt*ig*

Nominalstil vermeiden

„*Unsere Verständigung* mit den Austauschschülern klappte gut." → „*Wir konnten uns* gut mit den Austauschschülern verständigen." *Die Bevorzugung von verbalen Formulierungen* ist zu empfehlen. → Man sollte *möglichst verbal formulieren.*

Das treffende Wort finden, um einen Sachverhalt richtig darzustellen

Mit der **Ersatzprobe** die Wortwahl ausprobieren, bis das treffende Wort gefunden ist:

„Das Foto	hängt	über	dem Wandschrank."
„Das Bild	befindet sich	oberhalb	des Möbelstücks."

Mit dem **Thesaurus** der Textverarbeitung eines PCs oder mit einem **Synonymen-Wörterbuch:**

Bild: Abbild, Karikatur, Kopie, Bildnis, Porträt, Gemälde, Stillleben, Aquarell, Ölgemälde, Skizze, Zeichnung, Illustration, Studie, Holzschnitt, Fotografie, Lichtbild, Foto, Darstellung, Abbildung …

In einem **Wortfeld,** den Wörtern mit verwandter Bedeutung, nach Varianten zu einem Wort suchen:

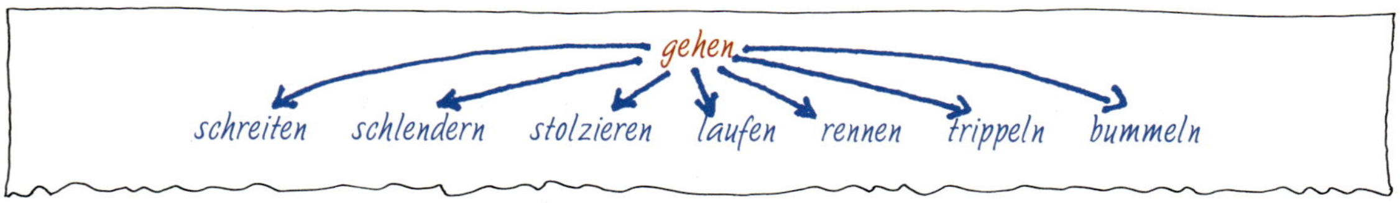

Sich in einer **Wortfamilie,** den Wörtern mit gleichem Wortstamm, umsehen:

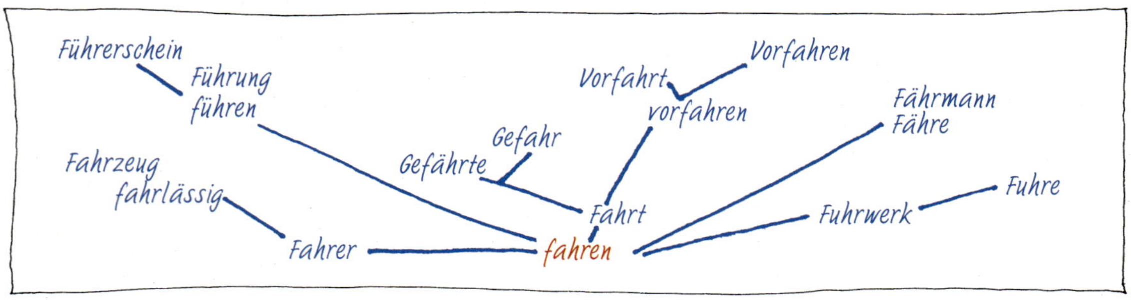

3.2 Wortbildung

Ableitungen

Viele Wörter sind aus verschiedenen Wortbausteinen zusammengesetzt. Der bedeutungstragende Kern heißt **Stamm**. Die angefügten Elemente nennt man **Präfix** (vor dem Stamm, Vorsilbe) und **Suffix** (nach dem Stamm, Endung). Fügt man an einen Stamm Präfixe oder Suffixe an, so nennt man diese Art der Wortbildung **Ableitung**. Dabei kann sich die Wortart ändern:

Präfix	**+ Stamm**	**+ Suffix**	**= abgeleitetes Wort**
	Teil	*-en*	*teilen* (Verb)
Ur-	*Teil*		*Urteil* (Nomen)
un-	*Teil*	*-bar*	*unteilbar* (Adjektiv)

Zusammensetzungen

Fügt man zwei oder mehr Wortstämme zusammen, so nennt man diese Art der Wortbildung **Zusammensetzung**. Man kann Wörter aus Nomen, aber auch aus Adjektiven und Verben zusammensetzen. Manchmal braucht man ein Fugenelement, um die Wörter zu verbinden:

Wortstamm	**+ Fugenelement**	**+ Wortstamm**	**= zusammengesetztes Wort**
Arm-		*Band*	*Armband*
Schwan-	*en-*	*Hals*	*Schwanenhals*
Geburt-	*s-*	*Tag*	*Geburtstag*
geh-		*Stock*	*Gehstock*
Bild-		*schön*	*bildschön*

Die Teile einer Zusammensetzung nennt man **Grundwort und Bestimmungswort**. Das Grundwort steht immer an letzter Stelle, es enthält den Grundbegriff, der durch das Bestimmungswort näher bestimmt wird:

zusammengesetztes Wort	**= Grundwort**	**+ Bestimmungswort**
Ein *Gartenhaus* ist	ein *Haus,*	das im *Garten* steht.

Wortfamilien

Wörter mit dem gleichen Stamm sind sprachlich verwandt und werden deshalb **Wortfamilie** genannt. Die Wörter einer Wortfamilie können gebildet werden durch

- Ableitungen mit Präfix: finden – *er*finden – *be*finden;
- Ableitungen mit Suffix: brauchen – brauch*bar* – Brauch*tum;*
- Zusammensetzungen: bilden – Bild*hauer* – *Spiegel*bild.

3.3 Aktiv und Passiv der Verben

Zwei Sehrichtungen

Das Aktiv und das Passiv sind zwei Verbformen, die man bei der Darstellung von Handlungen und Vorgängen unterscheidet. Man kann aus zwei Perspektiven schauen:

- Man kann vom „Täter" (Handelnden, Urheber …) aus sehen: „Uwe und Sonja → *besuchen* Ulrike." (Aktiv)
- Man kann vom „Betroffenen" aus sehen: „Ulrike → *wird* von Uwe und Sonja *besucht.*" (Passiv)

Bei der Darstellung von Handlungen ist immer auch im Blick, *wer* handelt, wer etwas tut.
Bei der Darstellung von Vorgängen steht im Zentrum, *was* da geschieht; die handelnden Personen sind weniger wichtig.

Handlungen

Das, was einer oder eine tut, nennen wir eine **Handlung**: „eine Tür öffnen".
Die handelnde Person nennen wir auch **Handlungsträger**: „Iris".
Kern der Handlung ist ein **Handlungsverb**: „öffnen".
Es entsteht ein **Handlungssatz**: „Iris öffnet eine Tür."
Handlungsträger im grammatischen Sinne können neben Personen auch andere Lebewesen, Gegenstände usw. sein: „Der Hund öffnet die Tür." – „Der Automat schließt die Tür."
Das Handeln eines Handlungsträgers ist meist auf ein Objekt gerichtet. Ein Handlungssatz besitzt dann Subjekt – Prädikat – Objekt:

„Iris	→	öffnet	→	eine Tür."
Subjekt	→	Prädikat	→	Akkusativobjekt

Solche Sätze, in denen die Handlungsträger als Subjekt des Handlungssatzes erscheinen, stehen im **Aktiv**.
Das Aktiv ist also eine Aussageform, die angibt, *wer* etwas tut.

Vorgänge

Es gibt Darstellungen, bei denen nur der Vorgang wichtig erscheint, so z. B. Gebrauchsanleitungen, Bedienungs- und Arbeitsanleitungen, Rezepte etc. Dabei geht es mehr um den Ablauf als um die Personen, die beteiligt sind:
„Das Kabel *wird* zuerst *gekürzt.*"
Im **Passiv** stehen Sätze, in denen mit dem Subjekt des Satzes etwas geschieht:
„Eine Tür *wird geöffnet.*"
Die Handlungsträger müssen nicht genannt werden. Man kann allerdings auch in diesem Fall durch eine Präpositionalgruppe ergänzen, wer in dem Vorgang handelt:
„Die Tür wird (*von Iris*) geöffnet."
Das Akkusativobjekt des Aktivsatzes wird bei der Umformung in einen Passivsatz zum Subjekt:

„Ralf legt *das Seil* über die Hand." → „*Das Seil* wird über die Hand gelegt."

Formen und Funktionen von Aktiv und Passiv

	Aktiv	Passiv
Beispiel	„Der Schreiner *liefert* die Tür."	„Die Tür *wird geliefert.*"
Formen	Personalform des Verbs (*liefert*)	Personalform des Verbs „werden" (*wird*) + Partizip II des Verbs (*geliefert*)
Funktion	Der Sprecher richtet den Blick auf die handelnden Personen und ihr Tun.	Der Blick wird nur auf den Vorgang gerichtet.

Man kann Aktiv- und Passivformen in den verschiedenen **Zeitstufen** benutzen:

	Aktiv Handlungsverb („suchen") in der entsprechenden Tempusform	**Passiv** „werden" in der entsprechenden Tempusform + Partizip II des Handlungsverbs („suchen")
Präsens	„Sonja *sucht* das Heft."	„Das Heft *wird* (von Sonja) *gesucht.*"
Futur	„Sonja *wird* das Heft *suchen.*"	„Das Heft *wird* (von Sonja) *gesucht werden.*"
Futur II	„Sonja *wird* das Heft *gesucht haben,* bevor sie ..."	„Das Heft *wird* (von Sonja) *gesucht worden sein,* bevor ..."
Präteritum	„Sonja *suchte* das Heft."	„Das Heft *wurde* (von Sonja) *gesucht.*"
Perfekt	„Sonja *hat* das Heft *gesucht.*"	„Das Heft *ist* (von Sonja) *gesucht worden.*"
Plusquam-perfekt	„Sonja *hatte* das Heft *gesucht,* bevor sie ..."	„Das Heft *war* (von Sonja) *gesucht worden,* bevor ..."

Wozu auf Passiv/Aktiv achten?

Das Passiv zeigt uns an, ob ein Sprecher über die handelnden Personen informiert ist oder ob er vielleicht nur seine Informationen zurückhält.

- Wenn man die Handlungsträger nicht kennt und also nicht nennen kann, verwendet man zumeist Formen des Passivs: „Die Mülleimer *wurden* wieder *versteckt.*"
- Bei der Darstellung eines Vorfalls kann man die beteiligten Personen bewusst nennen oder verschweigen. – Wer die Handlungsträger nicht nennen will, kann aus verschiedenen Gründen zu Formen des Passivs greifen: Man will betroffene Personen oder Opfer schützen oder man hält z. B. eine genauere Information über die „Täter" für uninteressant. – Beispiel: „Die Scheibe *wurde* gestern in der 4. Stunde *zerkratzt.*"

Die Passiv-Aktiv-Probe einsetzen

Die Passiv-Aktiv-Probe ist besonders für sorgfältige und kritische Leser/-innen nützlich. Denn mit ihr kann man die Passivsätze herausfinden, in denen die Handlungsträger nicht genannt sind. – In solchen Fällen sollte man nach den Gründen suchen, warum dies so ist: Kann oder will der Sprecher oder Schreiber sie nicht nennen?

Passivsatz		Umwandlung in einen Aktivsatz
„Die Schülerin Claudia Seifert wurde von ihrem Nachbarn Jens Pauli gegen die Glastür gestoßen."	→	„Der Schüler Jens Pauli stieß seine Nachbarin Claudia Seifert gegen die Glastür."
„Die Schülerin Claudia Seifert wurde gegen die Glastür gestoßen."	→	??? (Handlungsträger nicht zu erkennen!)

Mit Passiv-Umschreibungen variieren

Man kann die Passiv-Form mit anderen sprachlichen Mitteln umschreiben, wenn man stilistisch variieren will. So kann man statt „Die Dose *wird* mit einem Hebel *geöffnet*" auch sagen:

- „*Man öffnet* die Dose mit einem Hebel." (*man-Form*)
- „Die Dose *öffnet sich* durch Hebeldruck." (*reflexive Form*)
- „Die Dose *lässt sich* mit einem Hebel öffnen." (*lassen-Form*)
- „Die Dose *ist* leicht *verschließbar.*" (*Verbform von „sein" + Adjektiv mit Endung -bar*)
- „*Beim Öffnen* den Hebel am Rand ansetzen." (*adverbiale Bestimmung*)
- „*Öffnen Sie* die Dose mit einem Hebel." (*Imperativ-Form*)
- „Dose mit einem Hebel *öffnen.*" (*Infinitiv-Form*)
- „Die Dose ist mit einem Hebel *zu öffnen.*" (d. h. „... kann geöffnet werden") (*modaler Infinitiv*)
- „*Sie öffnen* die Dose mit einem Hebel." (*Sie/Du-Aussage-Form*)

Diese Varianten helfen, beim Formulieren die dauernde Wiederholung der werden-Formen in einem Text zu vermeiden, z. B. bei technischen Kurzanleitungen und bei Rezepten.

3.4 Modus der Verben

Verben haben einen **Modus** (die Aussageweise; der Modus, Pl. die Modi).

Indikativ und Konjunktiv sind zwei Aussageweisen in Sätzen, die anzeigen, wie wirklich und sicher eine Aussage ist.

- **Indikativ:** Es wird etwas eindeutig festgestellt; was gesagt wird, ist eine reale Aussage: „Ina *hat* mir die CD zurückgegeben."
- **Konjunktiv I:** Bei einer Redewiedergabe verbürgt sich der Sprecher nicht für die Richtigkeit des Gehörten oder des Gelesenen; in der **indirekten Rede** macht er mit dem Konjunktiv I deutlich, dass er nur etwas wiedergibt: „Ina sagte, sie *habe* mir die CD zurückgegeben."

Der **Konjunktiv II** wird verwendet, um

- in der Redewiedergabe Zweifel oder Kritik an einer fremden Äußerung auszudrücken: „Sie sagte, sie *hätte* mir die CD längst zurückgegeben."
- etwas nur Vorgestelltes, Unwahrscheinliches oder Unmögliches auszudrücken: „Wenn ich du *wäre, würde* ich ..." „Wenn ich mit Fußballspielen Geld verdienen *könnte* ..."
- einen kaum erfüllbaren oder unerfüllbaren Wunsch zu formulieren: „Ich wollte, morgen *wäre* hitzefrei!" „*Hätte* ich das bloß nicht gesagt!"

Formen des Konjunktivs

Beispiele:

Indikativ Präsens	Konjunktiv I	Konjunktiv II
ich habe	*ich habe*	*ich hätte*
du hast	*du hab**est***	*du hättest*
er/sie/es hat	*er/sie/es hab**e***	*er/sie/es hätte*
wir haben	*wir haben*	*wir hätten*
ihr habt	*ihr hab**et***	*ihr hättet*
sie haben	*sie haben*	*sie hätten*

Indikativ Präsens	Konjunktiv I	Konjunktiv II
ich gehe	*ich gehe*	*ich ginge*
du gehst	*du geh**est***	*du gingest*
er/sie/es geht	*er/sie/es geh**e***	*er/sie/es ginge*
wir gehen	*wir gehen*	*wir gingen*
ihr geht	*ihr geh**et***	*ihr ginget*
sie gehen	*sie gehen*	*sie gingen*

Die Politikerin sagte: „Ich denke nicht an eine Beschwerde.“

↓

Die Politikerin sagte, sie denke nicht an eine Beschwerde.

wörtliche Rede im **Indikativ**

↓ Redewiedergabe

indirekte Rede im **Konjunktiv I**

Der **Konjunktiv I** „denke“ ist abgeleitet vom Infinitiv des Verbs „denken“; dabei wird an den Wortstamm „denk-“ ein -e- als Zeichen für den Konjunktiv I angefügt: *er denk-e, du denk-e-st, ihr denk-e-t.*
Wenn der Konjunktiv I (im Textzusammenhang) nicht vom Indikativ Präsens zu unterscheiden ist, wählt man als Ersatz den **Konjunktiv II**:

Sie ergänzte: „Auch meine Kollegen denken nicht an weitere Maßnahmen.“

Sie ergänzte, auch ihre Kollegen ~~denken~~ dächten nicht an weitere Maßnahmen.

Der **Konjunktiv II** „dächten“ ist abgeleitet vom Präteritum Indikativ „sie dachten“ mit Umlaut (ä, ö, ü).

Wenn der Konjunktiv II (im Textzusammenhang) nicht vom Indikativ zu unterscheiden ist, wählt man die **Ersatzform „würde“**:

Der Reporter notiert: Sie sagte, sie mache kein Aufheben davon.
Sie sagte, ihre Kollegen ~~machen~~ kein Aufheben davon. (Konjunktiv I geht nicht!)
Sie sagte, ihre Kollegen ~~machten~~ kein Aufheben davon. (Konjunktiv II als Ersatz geht nicht!)

Sie sagte, ihre Kollegen würden kein Aufheben davon machen.

Die Ersatzform mit „würde“ wählt man auch, wenn die Konjunktiv-II-Form ungebräuchlich ist oder als unschön empfunden wird.

Konjunktiv in der Redewiedergabe

In der Berichterstattung der Medien, in der Zeitung, den Nachrichten und Reportagen in Hörfunk und Fernsehen usw. begegnen uns Textteile, die nicht vom Berichterstatter selbst stammen; vielmehr gibt der Text zum Teil Aussagen anderer Sprecher wieder. Auch in Alltagsgesprächen oder politischen Reden werden manchmal Äußerungen anderer Sprecher wiedergegeben.
Wenn man die Darstellung von Ereignissen aus der Sicht anderer wiedergibt oder gar deren Meinungen und Wertungen zitiert, dann will man das auch deutlich machen. Dafür gibt es verschiedene Möglichkeiten:

Einfache Aussagen, z. B. eigene Tatsachenfeststellungen oder Meinungsäußerungen, werden im Indikativ verfasst. Zum Beispiel kann eine Politikerin geäußert haben:

Diese Äußerung kann nun in Formen der Redewiedergabe in späteren Medienberichten Eingang finden.

- Die direkte Rede einer anderen Person kann durch die Form der ▶ **wörtlichen Rede** wiedergegeben werden:

Die Politikerin sagte: „Der Zeitungsbericht hat sehr übertrieben.“

▶ S. 118

- Bei der **indirekten Rede** baut man die Aussagen oder Gedanken einer anderen Person in seinen eigenen Text ein. Dabei macht man deutlich, dass die Äußerung nicht von einem selbst stammt. In einem einleitenden Hauptsatz wird gesagt, wessen Äußerung wiedergegeben wird: „Die Politikerin sagte …“
  Die Wiedergabe der Äußerung erfolgt dann
  - entweder in einem **dass-Satz:**

Die Politikerin sagte, dass der Zeitungsbericht sehr übertrieben hat.

  - oder einem uneingeleiteten Nebensatz im **Konjunktiv:**

Die Politikerin sagte, der Zeitungsbericht habe sehr übertrieben.

- Bei einem ▶ **Zitat** wird ein Teil der fremden Äußerung mit Anführungszeichen in den eigenen Satz eingebaut. Der zitierte Teil muss dabei mit dem Originalsatz übereinstimmen:

Die Politikerin hielt den Zeitungsbericht für „sehr übertrieben“.

▶ S. 118–119

- In der **Umschreibung** fremder Rede, d. h. der freien, nicht wörtlichen Wiedergabe einer fremden Äußerung, macht man durch einen Zusatz wie „nach ihrer Meinung, nach seiner Auffassung …“ die Redewiedergabe deutlich:

Im Gespräch äußerte die Politikerin unmissverständlich, dass die ihrer Meinung nach starken Übertreibungen in der Presse nur durch das Sommerloch zu erklären seien.

Modalverben

Mit Modalverben fügt man den Vollverben einen bestimmten Aspekt hinzu: Man sagt zusätzlich, ob man z. B. etwas „darf" oder „muss": „Angler/-innen *müssen* Vorschriften *beachten*."

Modalverben:

können	*sollen*	*müssen*	*dürfen*	*wollen*	*mögen*

Die Modalverben kommen vor allem in folgenden Textsorten vor:
- **Anweisungen** und **Vorschriften:** „Besucher *sollen* auf Parkplatz C parken."
- **Gesetze, Gebote** und **Verbote:** „Fahrzeuge *müssen* die Fahrbahnen benutzen."
- **Regeln** und **Regelungen:** „Benutzer der Bibliothek *müssen* ihre Taschen hier ablegen."
- **Erlaubnisse:** „Gäste *dürfen* auch hier parken." – „Sie *können* nebenan parken."
- **Empfehlungen, Ratschläge** und **Tipps** (oft mit Konjunktiv verbunden): „Sie *sollten* das Obst schälen."
- **Petitionen** (Forderungen, Bittschriften): „Wir *wollen* gleiches Recht für alle." – „Wir *möchten* Sie bitten …"

Wozu auf Modalverben achten?

Mit Modalverben zeigt man an, wie eine Äußerung verstanden werden soll.
Man vermittelt seinen Hörern oder Lesern, ob etwas als Möglichkeit (*können*), als Erlaubnis (*dürfen*), als Forderung (*sollen*) oder als Verpflichtung (*müssen*) gelten soll.

3.5 Satzglieder

Der einfache Satz – SPO (Subjekt – Prädikat – Objekt)

Ein Satz setzt sich aus verschiedenen **Satzgliedern** zusammen. Ob ein einzelnes Wort oder eine ganze Wortgruppe ein Satzglied bildet, erkennt man daran, dass man Satzglieder innerhalb eines Satzes umstellen kann, ohne den Sinn des Satzes zu verändern. (Es ändert sich allerdings die Betonung.) Die Normalstellung **S**ubjekt – **P**rädikat – **O**bjekt wird verändert.

Umstellprobe:

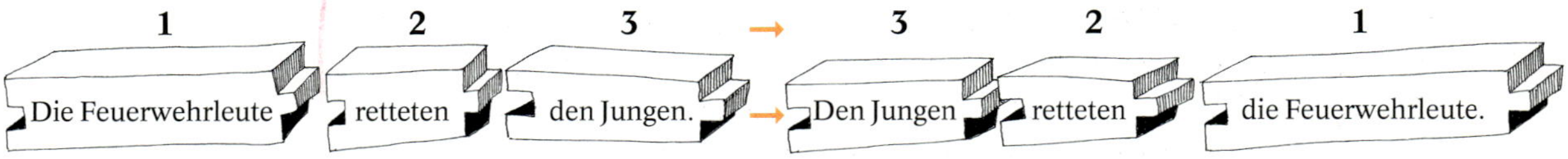

Der Kern des Satzes ist das **Prädikat** (Satzaussage/das Prädikat, Pl. die Prädikate). Prädikate werden durch Verben gebildet. Es gibt einteilige Prädikate (z. B. „Sie *retteten* ihn.") und zweiteilige Prädikate: „Sie *haben* ihn *gerettet*."

Der Teil des Prädikats, der im Aussagesatz nach dem ersten Satzglied steht, ist die Personalform des Verbs: „Sie *haben* ihn gerettet."

Fragenprobe:
Um die weiteren Satzglieder im Aussagesatz zu bestimmen, stellen wir vom Prädikat ausgehend Fragen. Die erste Frage lautet: „Wer ...?" oder „Was ...?", die Antwort darauf ist das **Subjekt** (Satzgegenstand oder Handlungsträger/das Subjekt, Pl. die Subjekte), die wichtigste Ergänzung zum Prädikat: „*Wer* hat ihn gerettet? – *Sie* haben ihn gerettet."
Subjekt und Prädikat sind eng miteinander verbunden. Sie stimmen in der Person (1., 2. oder 3. Person) und im Numerus (Singular oder Plural) überein:

„*Ein Junge* ***sitzt*** auf dem Dach."

„*Viele Jungen* ***schauen*** nach oben."

- Mit „Wen ...?" oder „Was ...?" erfragen wir das **Akkusativobjekt:** „*Wen* haben sie gerettet? – Sie haben *ihn* gerettet."
- Mit „Wem ...?" fragen wir nach dem **Dativobjekt:** „*Wem* wurde die Auszeichnung überreicht? – *Den Feuerwehrmännern ...*"
- Das **Genitivobjekt** wird nur noch selten gebraucht. Wir erfragen es mit „Wessen ...?": „*Wessen* erinnerte er sich? – Er erinnerte sich *des Vorfalls*."

Subjekt **„Wer ...?"** oder **„Was ...?"**	**Prädikat als Satzkern**	**Dativobjekt „Wem ...?"**	**Akkusativobjekt „Wen ...?"** oder **„Was ...?"**
Ein Polizist	*befragte*		*den Jungen.*
Der Vater	*dankte*	*den Beamten.*	
Er	*gab*	*ihnen*	*die Hand.*

Adverbiale Bestimmungen

Adverbiale Bestimmungen (Umstandsbestimmungen, auch Adverbiale genannt) sind Satzglieder, die man mit den Fragen „Wann …?“, „Warum …?“, „Wie …?“ ermittelt. Sie geben die näheren Umstände eines Geschehens oder einer Handlung an. Man unterscheidet

- **adverbiale Bestimmungen der Zeit:** „Wann treffen wir uns? – Wir treffen uns *am Montag*.“
- **adverbiale Bestimmungen des Ortes:** „Wo …? – Wir sehen uns *in der Schule*.“
- **adverbiale Bestimmungen des Grundes:** „Warum …? – *Wegen des Regens* kamen wir nicht nach Hause.“
- **adverbiale Bestimmungen der Art und Weise:** „Wie …? – Er folgte uns *neugierig*.“

Adverbiale Bestimmungen können gebildet sein aus

- einem Adjektiv: „Er lief *schnell* weg.“
- einem Adverb: „Wir führen *morgens* unseren Hund aus.“
- einer Nominalgruppe mit Präposition: „Wir sehen uns *am Abend*.“

Attribute

(Beifügungen/das Attribut, Pl. die Attribute)

Attribute sind immer **Teil eines Satzglieds**, also keine selbstständigen Satzglieder. Diese Satzteile stehen vor oder hinter ihren **Bezugswörtern** (z. B. Nomen) und bestimmen sie näher. Sie bleiben bei der Umstellprobe fest mit dem Bezugswort verbunden:

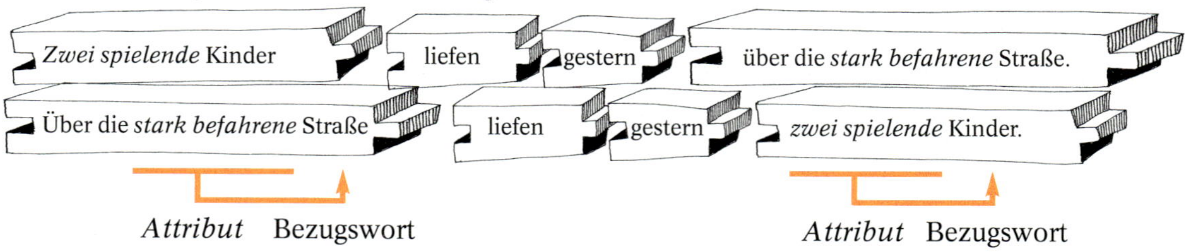

Frageprobe für Attribute: Attribute können wir mit der Frage „Was für (ein/e) …?“ erfragen: „Das alte Haus wurde gestrichen. – Was für ein Haus? – Das *alte* Haus …“
Weglassprobe für Attribute: Attribute können weggelassen werden, der Satz bleibt dabei grammatikalisch richtig: „Das *alte, düstere, baufällige* Haus wurde abgerissen.“ → „Das Haus wurde abgerissen.“

Als Attribute kommen u. a. vor:

- Adjektive („*neue* Bücher“) und adjektivisch gebrauchte Partizipien („*spielende* Kinder“): **Adjektivattribut**
- Nomen im Genitiv („die Abfahrt *des Zuges*“): **Genitivattribut**
- Nomen mit Präposition („das Spiel *ohne Grenzen*“)
- Adverbien („die Häuser *dort*“)
- Pronomen („*unsere* Schule“)
- Zahlwörter („*drei* Äpfel“)

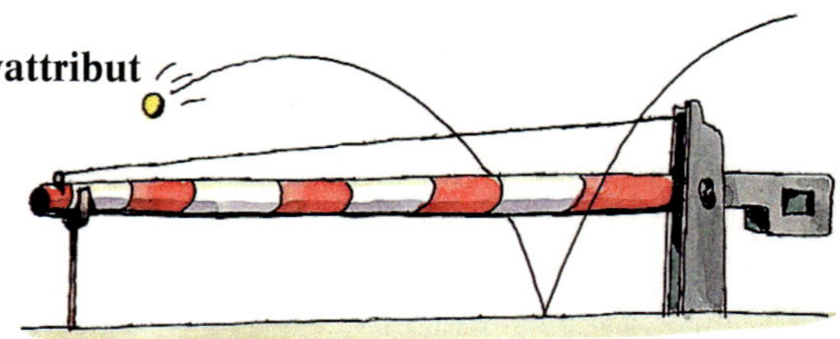

Die **Apposition** ist auch eine Form des Attributs: „Das Nachbarhaus, *ein baufälliges Gebäude*, wurde verkauft.“ Die Apposition ist in ihrem Kern stets ein Nomen („Gebäude“). Sie folgt dem Bezugswort („Nachbarhaus“), steht im gleichen Kasus wie das Bezugswort (hier: Nominativ) und ist durch Komma davor und danach umgrenzt. Beispiel für eine Apposition im Dativ: „Wir sprachen mit einem Fachmann, *dem Architekten Meier*.“

▶ S. 91 Auch ▶ **Relativsätze** können die Stelle eines Attributs einnehmen: Das Konzert, *das gestern stattfand,* war ein einmaliges Erlebnis.

Satzglieder im Überblick

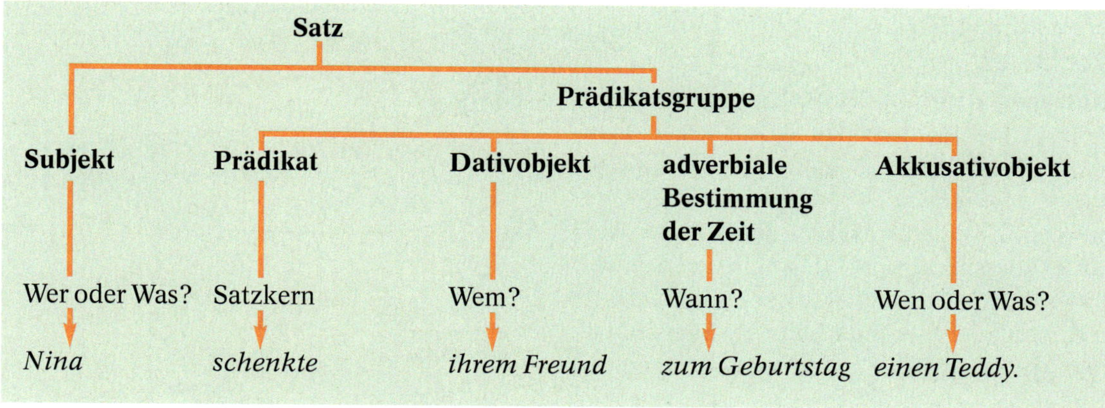

Wozu auf Satzglieder und Satzteile achten?

Man kann bei der Textüberarbeitung „Proben“ nutzen und damit den Text verbessern:

Umstellprobe
Wir können Satzglieder umstellen und damit die wichtigste Information betonen, indem wir sie an den Satzanfang, also an die Spitze, oder ans Ende stellen, wo der letzte Klang liegt.
Bei der Textüberarbeitung kann man Umstellungen durch Ziffern über den Wörtern markieren.

Erweiterungsprobe
Mit ihr können wir Sätze um Satzglieder (Objekte/Adverbialien) und Satzteile (Attribute) erweitern, die die Aussage präzisieren.

Weglassprobe
Mit ihr können wir Sätze straffen, indem wir prüfen, welche Satzteile oder Satzglieder in einem vollständigen Satz unbedingt notwendig oder aber überflüssig sind.

Ersatzprobe
Wir können Satzglieder und Satzteile durch andere Wörter oder Wortgruppen ersetzen, um Gleichförmigkeit zu vermeiden.

Beispiele:

Nina schenkte ihrem Freund Udo einen Teddy.
↓
Einen Teddy schenkte Nina ihrem Freund Udo.
↓
Einen[6] Teddy[7] schenkte[4] Nina[5] ihrem[1] Freund[2] Udo[3].

Udo freute sich über den Teddy.

riesig kleinen, selbst genähten
→ Udo freute sich über den Teddy.

Nina schenkte ihrem Freund einen Teddy. Deshalb umarmte Udo seine Nina ~~aus Freude über das von Nina erhaltene Geschenk~~.

Udo freute sich über Ninas Teddy.

er sie
Deshalb umarmte ~~Udo seine Nina~~.

3.6 Satzarten – Satzgefüge – Nebensätze

Satzarten

Einfache Satzarten

Wir reden und schreiben in Sätzen. Je nachdem, ob wir etwas aussagen (mitteilen, behaupten), fragen oder jemanden auffordern wollen, verwenden wir einen **Aussage-, Frage-** oder **Aufforderungssatz.** In der gesprochenen Sprache erkennen wir die Satzart an der Stimmführung, in der geschriebenen Sprache an den **Satzschlusszeichen:** Punkt, Frage- und Ausrufezeichen.

„Ich gehe morgen zu ihm."
„Gehst du morgen zu ihm?"
„Geh morgen zu ihm!"

In vielen Situationen verwenden wir aber zum Auffordern auch Frage- oder Aussagesätze, z. B.: „Gibst du mir mal das Buch?" oder „Du könntest endlich aus dem Weg gehen." Hinter einem Fragesatz verbirgt sich manchmal auch eine Aussage: „Machen wir nicht alle Fehler?" Wie die Sätze gemeint sind, schließen wir aus dem Tonfall oder aus dem Zusammenhang.

Zusammengesetzte Satzarten

Die **Satzreihe** besteht aus selbstständigen Teilsätzen (Hauptsätzen). Die Teilsätze werden manchmal nur durch Komma voneinander getrennt:

„Das Plakat war fertig, es sollte sofort aufgehängt werden."

Meist werden sie jedoch durch **nebenordnende Konjunktionen** miteinander verbunden:

„Gutenberg war verschuldet, *doch* er arbeitete weiter an seiner Erfindung."

Ein **Satzgefüge** ist zusammengesetzt aus mindestens einem Hauptsatz und mindestens einem Nebensatz, der zumeist mit einer **unterordnenden Konjunktion** eingeleitet wird:

„Es gibt Regen, *wenn* die Bewölkung zunimmt."

Nebensätze können auch mit einem **Relativpronomen** eingeleitet werden:

„Der Regen, *der* seit Stunden fällt, war wegen der Hitzeperiode bitter nötig."

▶ S. 114–116 Die Teilsätze werden durch ▶ **Komma** abgetrennt.

Nebensätze in Satzgefügen

Nebensätze sind untergeordnete Teilsätze in einem Satzgefüge. Sie zeichnen sich durch folgende Merkmale aus:

- Die Personalform des Verbs steht am Ende: „Sie gingen, nachdem sie gefrühstückt *hatten.*"
- Zumeist findet sich ein Einleitewort (Konjunktion, Relativpronomen), das den Bezug zum Hauptsatz herstellt: „Sie gingen, *nachdem* sie gefrühstückt hatten."
- Sie können in der Regel (besonders in der Schriftsprache) nicht alleine stehen.

Relativsätze

Nebensätze mit Relativpronomen nehmen oft die Stelle eines Attributs ein:

Attribut

„Die *leer stehenden* Häuser wurden gesprengt."
„Die Häuser, *die leer standen,* ..."

Relativsatz

Relativpronomen sind z. B. *der, die, das* oder *welcher, welche, welches.* Als Einleitewörter für Relativsätze stellen sie den Bezug zu einem Nomen oder Pronomen im Hauptsatz her.

„Die Häuser, *die* neu erbaut worden waren, ... – Die Häuser, *welche* neu erbaut worden waren, ..."

Gliedsätze

Nebensätze nehmen oft die Rolle eines Satzgliedes ein. Sie heißen dann auch **Gliedsätze.** Sie werden zumeist durch **unterordnende Konjunktionen** eingeleitet und mit dem Hauptsatz verknüpft: *weil, während, obwohl, damit, sodass, dass* ...:

adverbiale Bestimmung

„Das Haus wurde *nach dem Ablaufen des Wassers* abgerissen."
„Das Haus wurde abgerissen, *als das Wasser abgelaufen war.*"

Gliedsatz

Stufenmodelle machen deutlich, wo Hauptsatz (HS) und Gliedsatz (GS) im Satzgefüge stehen:

„Das Wasser wird blau, weil Tinte hineinkam."

___ HS ___,
 └Konjunktion _GS_.

„Weil Tinte hineinkam, wird das Wasser blau."

 ┌___HS___.
_Konjunktion _GS┘,

„Das Wasser wird, weil Tinte hineinkam, blau und trübe."

___HS (Anf.)__,
 └Konjunktion _GS┘, ┌HS (Forts.)_.

Adverbialsätze

Adverbialsätze sind **Gliedsätze,** die die Stelle einer adverbialen Bestimmung einnehmen:

„*Wegen der Glätte* kam es zu Auffahrunfällen.“ – „*Weil es glatt war*, kam es zu Auffahrunfällen.“

adverbiale Bestimmung (*Wegen der Glätte*) – Adverbialsatz (*Weil es glatt war*)

Adverbialsätze fügen einer Grundinformation Zusatzinformationen hinzu. Es entsteht ein **Satzgefüge** aus **Hauptsatz + Gliedsatz:**

Satzgefüge:	**Hauptsatz**	**+ Gliedsatz**
Beispiel:	„Das Wasser wird blau,	*weil* ich Tinte hinzugefügt *habe*.“
Signale:	Komma	Konjunktion – Personalform des Verbs am Satzende

Arten der Adverbialsätze	**Frageprobe**	**Beispiel**	**Konjunktionen**
Temporalsätze geben Zeitverhältnisse an.	Wann …? Seit wann …? Wie lange …?	*Als das Wasser blau wurde,* konnte man Luftbläschen erkennen.	*als, während, nachdem, bevor, bis …*
Konditionalsätze geben eine Bedingung an.	Unter welcher Bedingung …? Wann...?	*Wenn das Wasser blau ist,* kann man Luftbläschen sehen.	*wenn, falls, sofern …*
Konsekutivsätze geben Folgen oder Wirkungen an.	Mit welcher Folge/ Wirkung …?	Ich füge Tinte hinzu, *sodass das Wasser blau wird.*	*sodass* (auch: *so …, dass …*)
Kausalsätze geben den Grund oder die Ursache an.	Aus welchem Grund …? Warum …?	Die Luftbläschen sind gut zu erkennen, *weil das Wasser blau gefärbt ist.*	*weil, da*
Finalsätze geben eine Absicht oder einen Zweck an.	Mit welcher Absicht …? Wozu …?	Man färbt das Wasser, *damit die Luftbläschen gut zu sehen sind.*	*damit*
Konzessivsätze drücken einen unzureichenden Gegengrund aus.	Trotz welcher Gegengründe …?	Das Wasser färbt sich blau, *obwohl ich nur einen Tropfen Tinte hinzugefügt habe.*	*obwohl, obgleich, wenngleich, wenn … auch*
Modalsätze drücken die Art und Weise aus.	Wodurch …? Wie …?	*Indem man Tinte ins Wasser gibt,* färbt man es blau.	*indem, ohne dass, als ob*

dass-Sätze

Dass-Sätze sind Gliedsätze, die meistens den Inhalt dessen angeben, was jemand weiß, sagt, vermutet, hofft, wünscht; was klar oder unklar ist usw.:

„Judith { weiß, / behauptet, / beweist, } *dass sich heiße Luft ausdehnt.“*

Dass-Sätze stehen also oft bei Verben des Sprechens sowie der sinnlichen und geistigen Wahrnehmung oder Tätigkeit.

Infinitivsätze

Statt eines dass-Satzes kann man oft auch einen Infinitivsatz bilden:
dass-Satz: Sie hoffte, dass sie das Buch zum Geburtstag bekommt.
↓
Infinitivsatz: Sie hoffte(,) *das Buch zum Geburtstag zu bekommen.*
zu + Infinitiv

Diese Konstruktion aus **zu + Infinitiv** heißt **Infinitivkonstruktion** oder ▶ **Infinitivsatz.** ▶ S. 116
Zur besseren Gliederung des Satzes ist die Abtrennung durch Komma möglich.
Ein Komma muss gesetzt werden, wenn sich ein hinweisendes Wort im Hauptsatz auf den Infinitivsatz bezieht:
Sie rechnete damit, *das Buch geliehen zu bekommen.*

Wozu auf die Nebensätze achten?

Informationen verknüpfen

Mit den Nebensätzen gibt es viele Möglichkeiten, seine Gedanken auszuführen und einzelne Informationen zu verknüpfen: Begründungen, Folgen, Zeiträume, Inhalte und andere gedankliche Beziehungen können ausgedrückt werden.

Nebensätze werden besonders häufig beim Schreiben benutzt. Da sollte man kontrollieren, ob die gedankliche Verknüpfung auch **logisch** oder **zeitlich stimmig** ist:

„Inas Bruder kaufte die CD, weil er den Musiktitel zehnmal gehört hatte."
→ „Inas Bruder kaufte die CD, nachdem er den Musiktitel zehnmal gehört hatte."

Zeichensetzung und Rechtschreibung

▶ S. 115–116 Bei Nebensätzen muss man sich um die ▶Zeichensetzung und Rechtschreibung kümmern. Das hartnäckigste Fehlerproblem ist der dass-Satz:

Die Konjunktion „dass" leitet einen Nebensatz (Gliedsatz) ein. Deshalb wird der dass-Satz durch Komma vom Rest des Satzgefüges abgetrennt:

„Ich vermute, *dass du das Buch schon gelesen hast.*"

Um den dass-Satz zu erkennen, prüft man:

- einleitendes Verb des Sprechens oder der sinnlichen und geistigen Wahrnehmung/Tätigkeit?
  → „vermuten"
- Fragenprobe mit „Wer oder was …?"/„Wen oder was …?":
  „(Wen oder) was vermute ich?
  → …, dass du das Buch schon gelesen hast."

Das **Relativpronomen „das"** leitet einen Relativsatz ein, der sich auf ein Bezugswort im Hauptsatz bezieht: „Das Buch, *das du mir geliehen hast,* fand ich langweilig."

Um den das-Satz zu erkennen, prüft ihr:

- Lässt sich das „das" durch „welches" ersetzen? → „Das Buch, welches du mir geliehen hast, …"
- Gibt es ein Bezugswort im Hauptsatz? → „Das Buch, das du mir geliehen hast, …"

Schachtelsätze in mehrere Sätze auflösen!

Bei Nebensätzen muss man sich vor zu vielen Unterordnungen hüten, sonst entstehen unübersichtliche Schachtelsätze.

„Ina ging, als sie das Buch, das auch schon ihr Bruder empfohlen hatte, weil er es in einem Zug verschlingen konnte, gelesen hatte, in die Bücherei, um von derselben Autorin ein zweites Buch zu suchen."
→ „Inas Bruder hatte ihr das Buch empfohlen, weil er es in einem Zug verschlungen hatte. Als sie es nun selbst gelesen hatte, fand sie es auch sehr spannend. So ging sie in die Bücherei, um ein zweites Buch von derselben Autorin zu suchen."

3.7 Wort und Bedeutung

Umgang mit Begriffen

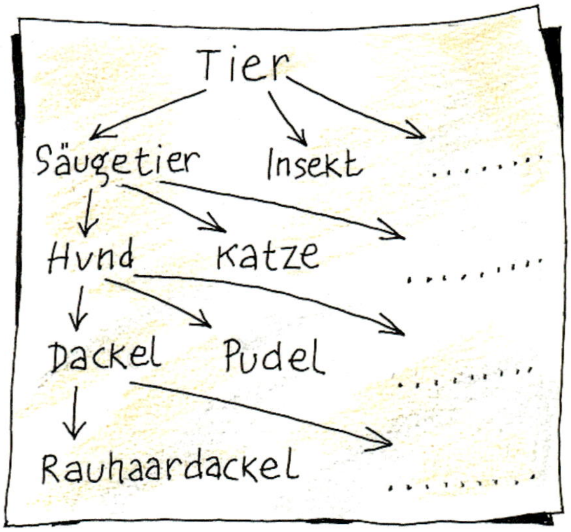

Begriffe dienen der Erfassung und Ordnung der Wirklichkeit. Sie stehen zueinander in einem Über- und Unterordnungsverhältnis:
Oberbegriffe dienen als Sammel- und Ordnungsbegriffe, z. B. *Werkzeug, Tier ...*
Unterbegriffe verhalten sich zu ihnen wie konkrete Beispiele (*Hammer, Zange – Hund, Katze*).
Man kann Begriffe über ihre einzelnen **Merkmale** (äußere Merkmale, Funktionsmerkmale) gegeneinander abgrenzen, z. B. Möbel zum Sitzen (Funktion) mit Lehne (Merkmal): *Stuhl*, Sitzmöbel ohne Lehne: *Hocker*. Oberbegriffe haben einen größeren **Begriffsumfang**, d. h. weniger spezifizierende Merkmale.

Wenn etwas Neues entdeckt oder erfunden wird, muss man eine **Wortneuschöpfung** (Neologismus) prägen, z. B. *Automobil, Fernseher, Flugzeug, Handy, Ozonloch*. Dabei wird aber oft auf Wörter aus verwandten Wirklichkeitsbereichen zurückgegriffen, z. B. auf die Seemannssprache zur Bezeichnung von Dingen der Luftfahrt (*Luftschiff* usw.).

Mehrdeutigkeit von Wörtern

Wörter mit fast gleicher Bedeutung heißen **Synonyme**: *trödeln – bummeln*.
Eine Gruppe von sinnverwandten Wörtern bildet ein **Wortfeld**: *sagen – sprechen – rufen – meinen – behaupten – kommandieren ...*

Gleich lautende Wörter, die aber doppelte oder auch dreifache Bedeutungen haben, nennt man **Homonyme**: *Ball, Absatz* ... (Mit solchen „Teekesselchen" kann man spielen!)
Welche Bedeutung gemeint ist, wird nur im Sinnzusammenhang klar: „Der *Hahn* tropft. – Der *Hahn* kräht. – Der *Hahn* wird gespannt."

Die im Wörterbuch aufgeführten Inhalte eines Worts sind seine **denotative Bedeutung**: z. B. „*Palmen*: große, überwiegend in den Tropen weltweit verbreitete Familie holziger Blütenpflanzen".
Die mit dem Wort zugleich erinnerten Erfahrungen, Empfindungen, Assoziationen sind seine Mitbedeutungen oder die **konnotativen Bedeutungen**: „*Palmen* → Insel, weißer Sand, Sommer, Sonne, Ferien, baden ..."
Die konnotativen Bedeutungen können allen Sprechern/Sprecherinnen einer Sprache geläufig sein oder auch nur einzelnen Menschen.

Wird ein Sachverhalt oder Vorgang beschönigt, so spricht man von einem **Euphemismus,** z. B.: *entschlafen* für sterben, *freisetzen* für entlassen.
Begriffsbildungen, die in der Absicht, Sachverhalte zu beschönigen oder zu verschleiern, die Würde von Menschen verletzen, werden auch als **„Unwörter"** bezeichnet, z. B. *Zecken* für Menschen, *ethnische Säuberung* für Vertreibung.

Bildlicher Sprachgebrauch

Man spricht von einer **übertragenen Bedeutung**, wenn die Bedeutung einer konkreten Sache auf menschliches Verhalten oder auf einen anderen Zusammenhang bezogen wird:
stehen auf … → jemanden/etwas mögen
Nussschale → kleines Boot

Eine **Metapher** bringt zwei Vorstellungen aus zwei verschiedenen Bereichen zusammen:

„Die Fußballmannschaft *blüht* in der zweiten Halbzeit *auf.*"

Überlagerung:
neu, frisch erscheinen

„Eine Blume *blüht auf.*"

Bereich: Sport
Die Spieler erstarken, sind wieder frisch, voller Kraft, erscheinen neu, bringen neue Stimmung.

aufblühen

Bereich: Natur
Die Blumen erblühen, die Blumen strahlen, frische Farben, Frühling und Sommer, neue Kraft, saftiges Grün, positive Gefühle für den Betrachter.

Das Zusammenfügen der zwei Bereiche führt dazu, dass der Eindruck von der Art, wie die Fußballmannschaft in der zweiten Halbzeit spielt, mit vielen **Assoziationen** aufgeladen wird.
Beim metaphorischen Sprechen werden Vorstellungen aus einem Bereich – dem Bereich des Bildspenders – auf einen anderen Bereich – den Bereich des Bildempfängers – übertragen. Durch diese **Übertragung** kommt in den zweiten Bereich eine neue Spannung: „Klose *gab* in der 7. Minute *einen ersten Warnschuss* auf das gegnerische Gehäuse *ab*."

Bildspender:
Polizeisprache
wörtliche Bedeutung: mit der Pistole einen ungezielten Schuss abgeben, der einen gefährlicheren zweiten Schuss ankündigt

Übertragung
„einen Warnschuss abgeben"

Bildempfänger:
Fußballsprache
übertragene Bedeutung: mit dem Ball einen ersten gefährlichen Schuss leisten, der schon fast ins Tor geht

Eine besondere Form der Metapher ist die **Personifikation.** Ein Gegenstand oder ein Begriff wird vermenschlicht, z. B.: „Der Motor stotterte."
Bei einem **Vergleich** werden zwei verschiedene Vorstellungen durch „wie" miteinander verknüpft, z. B.: „Sie sprang auf wie von der Tarantel gestochen."

3.8 Kommunikation und Sprachfunktionen

Sprachfunktionen

Stark vereinfacht funktioniert Kommunikation so, dass ein **Sender** einem **Empfänger** bestimmte Signale übermittelt. Wenn es sich bei diesen Signalen um sprachliche Äußerungen handelt, kann man ihnen drei **Sprachfunktionen** zuordnen, von denen meist eine überwiegt, oft erkennbar an Wortwahl und Satzbau:

1. **Information** (= darstellende Funktion): Gegenstände, Personen, Vorgänge, Sachverhalte werden dargestellt; z. B. durch: Aussagesätze, Adverbiale, Zahlen, Daten, Fakten, Beschreibungen, Berichte, Fragen und Antworten usw.
   Beispiele: *Der EU-Gipfel findet in Barcelona statt. Der Bonner Club verlor nach Verlängerung 22:24. Die Wahlbeteiligung blieb mit knapp 50 % unter den Erwartungen.*
2. **Aufforderung** (= appellative Funktion): Es wird zum Handeln aufgefordert; z. B. durch: Imperative, Anredepronomen, Ausrufezeichen, elliptische (verkürzte) Sätze, rhetorische Mittel usw.
   Beispiele: *Bring bitte ein Brot mit! Leihst du mir mal deinen Kuli? Füße vom Tisch!*
3. **Ausdruck** (= expressive Funktion): Gefühle, Hoffnungen, Proteste werden ausgedrückt; z. B. durch: Ausrufe, Ich-Aussagen, Wertungswörter („toll"), Bekenntnisse usw.
   Beispiele: *Bin ich müde! Ich möchte endlich nach Hause! Mein Lieblingsautor ist Hemingway.*

Inhalts- und Beziehungsseite der Kommunikation

In Gesprächen werden nicht nur Inhalte vermittelt **(Inhaltsebene der Kommunikation).** Darüber hinaus spielt es auch eine Rolle, welche Beziehung die Kommunikationspartner zueinander haben, welche Absichten sie verfolgen, welche Erwartungen sie aneinander haben und in welcher Situation das Gespräch stattfindet **(Beziehungsebene der Kommunikation).**

Im Gespräch kann die Beziehungsebene einer Aussage neben der Betonung besonders durch die Wahl der Satzart (Aussage, Frage, Ausruf) und bestimmte „Abtönungspartikeln" (z. B. „doch", „nur", „ja", „eben") zum Ausdruck gebracht werden.

Sagt z. B. eine Mutter zu ihrer Tochter den Satz „Ach, du gehst ja schon wieder!", so kann sie z. B. auf der Beziehungsebene damit gleichzeitig zum Ausdruck bringen: „Ich fühle mich von dir nicht genug beachtet/respektiert, weil du so oft weg bist und mich nicht über das informierst, was du tust."

Die meisten Alltagsgespräche laufen nahezu automatisch ab. Wir sprechen und reagieren oftmals, ohne über das Gesagte nachzudenken. So hat man mitunter das Gefühl, nicht verstanden zu werden oder aneinander vorbeizureden. Missverständnisse, Verletzungen und Streit kann man vermeiden, wenn man sich bewusst macht, welche Intentionen, Interessen und Gefühle das Gesprächsverhalten beeinflussen.

3.9 Sprachvarianten

In einer Sprachgemeinschaft werden neben der Standard- oder Hochsprache unterschiedliche Sprachvarianten verwendet. Die **Hochsprache** (auch: **Standardsprache**) ist die allgemein verbindliche Form einer Sprache, wie sie in der Öffentlichkeit – vor allem in den Medien – gebraucht wird. Der alltägliche mündliche Sprachgebrauch **(Umgangssprache)** orientiert sich an der Hochsprache, wendet deren Regeln und Normen aber nicht streng an. Typisch für die Umgangssprache sind kurze und einfache, aber auch unvollständige Sätze. Alterstypische **Gruppensprachen** und Szenejargons, Dialekte und Fachsprachen sowie die Standardsprache und Umgangssprache sind verschiedene **Sprachvarianten**, die sich beim aktuellen Sprechen je nach Sprecherin oder Sprecher überlagern und mischen. Oft verwenden Sprecherinnen und Sprecher auch geschlechtsspezifische Sprachvarianten (Männersprache/Frauensprache).

Dialekt

Regionale Sprachvarianten bezeichnet man als Dialekt oder Mundart. Zu den deutschen Dialekten zählen u.a. das Kölsch, die hessisch-fränkischen Mundarten, das Bairische, das Sächsische sowie das Schwäbisch-Alemannische. Beispiele für Kölsch: *Et kütt, wie et kütt. Wat fot is, is fot.*

Jugendsprachen

Die Jugendkultur setzt sich aus einer Vielfalt von „Szenen" zusammen, d.h. sozialen Gruppierungen, in denen sich Jugendliche mit ähnlichen Interessen, Wertvorstellungen und Freizeitaktivitäten zusammenfinden. Es gibt eine lockere Zugehörigkeit, die sich an vergleichbaren Konsumgewohnheiten, Kleidermoden, Musikvorlieben, Kommunikationsformen usw. ablesen lässt, z.B. Skater, Techno-Freaks, Alternative, Body-Culture, Computer-Freaks, Surfer, Junge Christen, Gewerkschaftsjugend, Raver, Punker ...

In der Regel benutzt man innerhalb der eigenen Szene einen Szenejargon. Beispiele aus der Sprache der Techno-Szene: *Techno, Flyer, Rave, DJ, Dancefloor, abgrooven, Sampler ...*

Bestimmte typische Beispiele lassen sich gruppieren:

- **Szene-Wörter** sind Wendungen, die nur in einer begrenzten Umgebung benutzt werden: *grooven, raven ...*
- **Anglizismen** sind Übernahmen aus dem Englischen/Amerikanischen: *Connections, powern ...*
- **Metaphern** werden oft aus dem Tier- oder Pflanzenreich gewählt: *keinen Bock haben ...*
- **Grammatische Veränderungen** beziehen sich besonders auf Satzbau und Flexionsendungen, z.B. Einwortsätze: *Runter!* oder Infinitivstil: *Abzischen!*

Fachsprachen

Fachsprachen sind typisch für eine bestimmte Wissenschaft, ein Schulfach oder ein berufliches Umfeld. Sie haben oft fremdsprachliche Elemente und arbeiten mit Abkürzungen:

- Computer: *PC, RAM, Grafikkarte, booten ...*
- Elektronik: *Hauptplatine, Schaltkreis ...*
- Biologie: *Fotosynthese, Ökosystem ...*
- Literatur: *Alliteration, Exposition ...*
- Medizin: *Diagnose, Anästhesie, EEG ...*
- Werbung: *Eyecatcher, Aufreißer ...*

4 Rechtschreibung und Zeichensetzung

Wenn man schreibt, möchte man verstanden werden. Wenn man mit seinem Text etwas bewirken will, muss der Text von fremden Lesern ernst genommen werden. Grundlegende Voraussetzung dafür ist – neben der Verständlichkeit – die formale Sprachrichtigkeit.

Die in diesem Kapitel zusammengefassten Regelungen helfen bei der Orientierung in vielen häufigen Fragen der Rechtschreibung und Zeichensetzung, z. B.:

Schreibung des s-Lauts: *Hinter unserem Haus fließt ein Fluss.*

Großschreibung: *Die beiden Freunde trafen sich gestern zum Skaten am Kölner Dom.*

Getrennt- und Zusammenschreibung: *Nachdem sie ihn etwas kennen gelernt hatte, unterstellte sie ihm böse Absichten.*

Komma im Satzgefüge: *Ein Mensch, der gerne liest, hat selten Langeweile.*

4.1 Tipps zum Rechtschreiben

Mitsprechen

Im Deutschen wird vieles so geschrieben, wie man es spricht. Dabei ist es wichtig, genau hinzuhören und im Zweifelsfall ein Wort langsam und deutlich mitzusprechen, wenn man es aufschreibt: *zwingen, ankündigen, erreichen*.

Schreibweisen ausprobieren

Um zu durchschauen, wie Wörter geschrieben werden, kannst du z. B. die **Verlängerungsprobe** anwenden:

Wal ? → Wälder → Wald

witzi ? → witziger → witzig

Manchmal hilft auch die **Wortfamilien-Probe**. Wortfamilien sind Wörter mit dem gleichen Stamm. Sie werden gleich oder ähnlich geschrieben:
spielen, spielerisch, verspielt
bauen, Baustelle, Gebäude
Wenn du bei der Schreibung eines Wortes unsicher bist, suche ein verwandtes Wort, dessen Schreibung du kennst:

vert äu/eu en? → Tau → vertäuen

St ä/e ngel? → Stange → Stängel

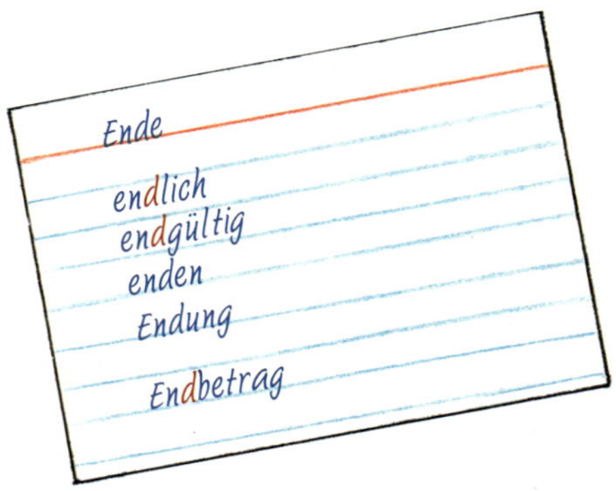

Wortfamilien bilden:

Das Wörterbuch – dein starker Helfer

Man kann nicht alles wissen, man muss nur wissen, wo es steht. Das gilt auch für die Rechtschreibung. Jeder kann Fehler vermeiden, wenn er bei Zweifeln über die richtige Schreibweise im Rechtschreibwörterbuch nachsieht.

Richtiges Abschreiben von schwierigen Wörtern

1. Lies dir das ganze Wort genau durch.
2. Überlege, was dir daran schwierig erscheint.
3. Gliedere das Wort in Teile, die du schon kennst; präge dir besonders die Teile ein, die neu für dich sind.
4. Schreibe das Wort jetzt auswendig hin.
5. Kontrolliere deine Schreibung.

Beim **Abschreiben fremder Texte** sollte man die Vorlage erst vollständig durchlesen und schwierige Wörter markieren, damit man beim Abschreiben dieser Wörter besonders sorgfältig vorgeht. Oft handelt es sich um Fremdwörter.

Die Silbentrennung

Mehrsilbige Wörter trennt man nach **Sprechsilben**, die man bei langsamem, betontem Sprechen hören kann, z. B.: *o-ben, Dumm-heit, dum-mer-wei-se, Gip-fel, Schnip-sel, lis-tig, So-ckel.*
Faustregel für Zweifelsfälle: Von mehreren Konsonanten kommt nur der letzte auf die neue Zeile, z. B.: *Hand-lung, Kennt-nis, Hams-ter, Fens-ter, Ängs-te, nächs-tens, Emp-fang, sump-fig, Ver-häng-nis.*

Die Rechtschreibkartei

Eine Rechtschreibkartei ist eine Wörtersammlung, die du auf **Karteikarten** oder **Ringbuchblättern** führen kannst. Wichtig ist immer, dass du in der Kartei sorgfältig und fehlerfrei schreibst, damit du dir nichts Falsches einprägst.
In diese **persönliche Fehlerkartei** nimmst du alle Wörter auf, bei denen du häufig Fehler machst.
Und so übst du mit der Rechtschreibkartei:

- Ein Wort lesen und einprägen.
- Das Wort aus dem Gedächtnis aufschreiben und dabei leise mitsprechen.
- Falsch geschriebenes Wort durchstreichen und noch einmal richtig aufschreiben.
- Hinter das richtig geschriebene Wort auf der Karteikarte mit Bleistift ein Plus-Zeichen (+) setzen.
- Hinter das falsch geschriebene Wort auf den Karteikarten ein Minus-Zeichen (–) setzen.
- Nach +++ kannst du das Wort sicher schreiben!

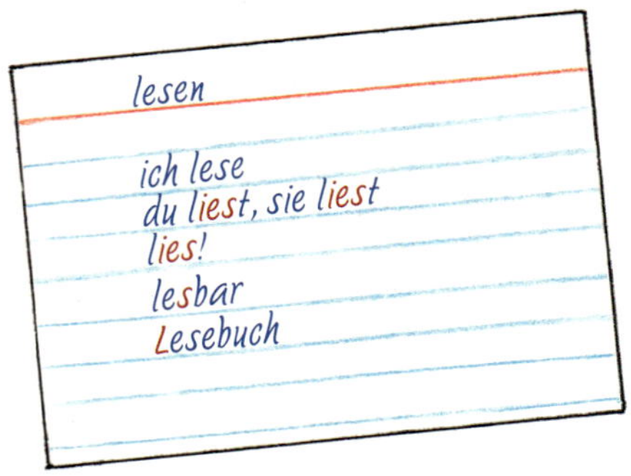

Rechtschreibung üben

Rechtschreiben lernt man beim Schreiben. Dazu gibt es zahlreiche Arbeitshilfen und Übungsaufgaben. Du kannst z. B. selbstständig üben, indem du kurze Texte abschreibst und anschließend sorgfältig auf Fehler kontrollierst. Auch durch regelmäßiges Üben mit einer Rechtschreibkartei (s. o.) kannst du deine Rechtschreibung stark verbessern.
Grundsätzlich solltest du falsch geschriebene Wörter in deinen Übungen neu schreiben, damit du nichts Falsches behältst.
Eine klare Schrift mit gut unterscheidbaren Buchstaben hilft beim Einprägen der Wortbilder.
Regelmäßige kurze Trainingseinheiten sind sinnvoller als seltenes ausgedehntes Üben.

4.2 Kurze und lange Vokale

Doppelkonsonanten

Nach **betonten kurzen Vokalen** folgen fast immer zwei Konsonanten.	**Beispiele**
In den meisten Fällen kann man sie beim Hören gut unterscheiden.	*Ende, Topf, denken, Hunger, jung, warm, fremd, kalt …*
Hört man nur einen Konsonanten, wird der beim Schreiben **verdoppelt**.	*knabbern, Koffer, Ball, schwimmen, Brunnen, Suppe, irren, schütteln …*
Es gibt zwei Sonderfälle: Statt verdoppeltem **k** schreibt man in der Regel **ck**.	*Glück, gucken, Hecke, wackeln, zwicken, Sack, wecken, hocken …*
Statt verdoppeltem **z** schreibt man **tz**.	*Katze, Schutz, Hitze, trotz …*

Dehnungszeichen

Für **lang gesprochenes a, e, o, u** gilt:	**Beispiele**
In den meisten Fällen sind die langen Vokale **a, e, o, u nicht** durch Dehnungszeichen gekennzeichnet.	*Dame, Haken, fragen, graben, Erde, lesen, Hof, Lob, Kuchen, Fuß …*
Zu einem kleinen Teil werden sie mit **nachfolgendem h** als **Dehnungszeichen** geschrieben. Das **h** erscheint oft in den Verbindungen **hl, hm, hn, hr** und bleibt auch in den verwandten Wörtern erhalten.	*Wahl – wählen, fühlen – Fühler, zahm – zähmen, hohl – Höhle, mehr – vermehren, Stuhl – Stühle, Lohn – belohnen, Zahl – abzählen*
Nur wenige Wörter werden mit **Doppelvokal** geschrieben.	*Haare, Paar, Saal, Beet, Fee, Tee, Kaffee, Meer, Boot, Zoo, doof …*
Wenn sich von diesen Wörtern Ableitungen mit Umlaut bilden lassen, entstehen **einfache Umlaute.**	*Paar – Pärchen, Saal – Säle, Boot – Bötchen*
Für das **lang gesprochene i** gilt:	**Beispiele**
Die meisten Wörter mit lang gesprochenem *i* werden mit **ie** geschrieben. Sehr selten sind Wörter mit **ieh.**	*Wiese, kriechen, lieb, hier, vielleicht, ziemlich, niemand, (er) fiel Vieh, ich lieh mir…, „Zieh!“*
Nur in den Pronomen **ihm/ihn/ihr** wird das lang gesprochene *i* als **ih** geschrieben:	*Sie gab* ***ihr*** *fünf von* ***ihren*** *Bonbons,* ***ihm*** *schenkte sie nur eins.*

4.3 Schreibung des s-Lauts

Das **stimmlose** („zischende“) **s**	**Beispiele**
schreibt man • nach **kurzem** betontem **Vokal** fast immer **ss;**	*Wasser, fassen, nass, Kuss, wissen, essen*
• nach **langem Vokal** oder Diphthong (*au, ei, äu, eu*) **ß.**	*Straße, beißen, Gruß, Kloß, dreißig, außen*

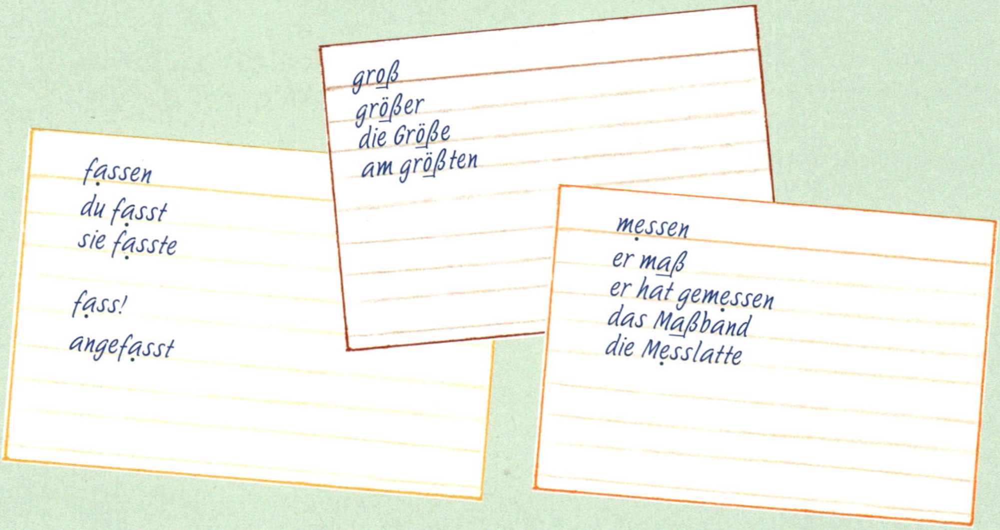

Das **stimmhafte** („summende“) **s**	**Beipiele**
schreibt man immer **s.**	*Hase, Seite, leise, reisen, Gemüse, rasen, tausend*
Tipp Manchmal hört man das *s* erst bei der Verlängerungsprobe summen.	*Lo? → Lose → Los* *häu?lich → Häuser → häuslich*

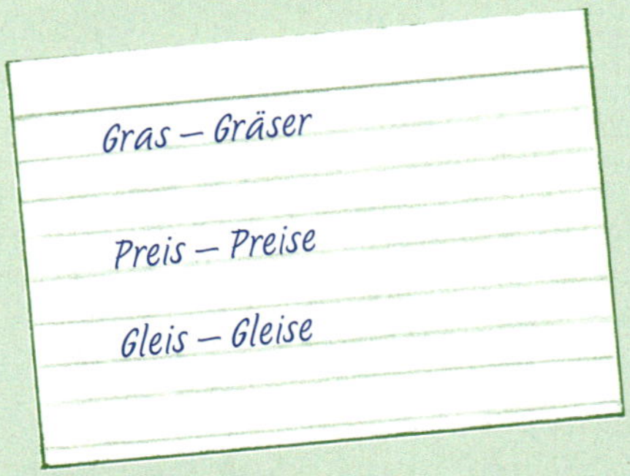

4.4 „das" oder „dass"?

Der Artikel und das Pronomen „das"

Das Wörtchen **das** hat drei unterschiedliche grammatische Funktionen:

1. **„das" als Artikel**

Das Haus hielt der Last des Schnees stand.

Ein/Dieses/Jenes = Ersatzprobe

2. **„das" als Demonstrativpronomen**

Sie war unschuldig: Das bestätigte sie mit Nachdruck.

Dies(es) = Ersatzprobe

3. **„das" als Relativpronomen**

Das Programm, das sie installierte, stürzte immer wieder ab.

welches = Ersatzprobe

Das Relativpronomen leitet (mit Komma) einen Nebensatz ein und bezieht sich auf ein vorangehendes Nomen.

Die Konjunktion „dass"

Die Konjunktion „dass" leitet einen Nebensatz ein.
Sie kann **nicht** durch *dieses/jenes/welches* **ersetzt werden:**

Er hoffte, dass die nächste Klassenarbeit besser ausfallen würde.

~~dieses~~/~~jenes~~/~~welches~~

Der Nebensatz kann vor oder nach dem Hauptsatz stehen, zu dem er gehört.
Der Nebensatz wird durch ein Komma vom Hauptsatz getrennt:
*Niemandem konnte es gefallen, **dass** sich das Wetter zu einem sintflutartigen Unwetter entwickelte.*
***Dass** deshalb das Open-Air-Konzert ausfallen musste, traf die Musikfans hart.*

Tipp: Oft stehen dass-Sätze nach Verben, die etwas ankündigen:
Ich weiß/glaube/meine, dass …

4.5 Groß- und Kleinschreibung

Satzanfänge

Satzanfänge schreibt man groß: *Unsere Freunde spielen Karten.*
Dies gilt auch für den Beginn einer **wörtlichen Rede:**
Marc behauptet: „Jetzt bin ich an der Reihe."

Nach einem **Doppelpunkt** wird der Beginn eines vollständigen Satzes großgeschrieben:
Die Spielanleitung lautet: Ziehe zwei Felder weiter.

Anredepronomen

Die Anredepronomen in der Höflichkeitsform (*Sie, Ihn, Ihnen* ...) schreibt man groß.
Wir wünschen Ihnen einen schönen Aufenthalt.

Nomen

▶ S. 71–72 Beim Erkennen von ▶ Nomen helfen:

a) Nomensignale

Nomensignale sind die verschiedenen Begleiter der Nomen

1. **Artikel:** *die Tochter, einen Sohn*

2. **Präposition (+ Artikel):** *mit Witz, ohne Lust, zur Hilfe (= zu der Hilfe), im Ernstfall (= in dem Ernstfall)*

3. **Pronomen:** *ihre Klugheit, sein Beruf*

4. **Mengenangabe:** *viele Schülerinnen, manche Kinder*

5. **Adjektiv:** *gute Stimmung, herrliche Aussicht*

b) Nomenendungen	
-heit	*Gesundheit, Schönheit, Gelegenheit, Klugheit, Gemeinheit*
-keit	*Einsamkeit, Heiterkeit, Tapferkeit, Einigkeit, Traurigkeit*
-nis	*Geheimnis, Verständnis, Erlebnis, Ergebnis, Erlaubnis*
-ung	*Bemerkung, Begegnung, Strömung, Verpflegung, Verpflichtung*
-tum	*Eigentum, Reichtum, Wachstum, Fürstentum, Brauchtum*
-schaft	*Verwandtschaft, Gemeinschaft, Wirtschaft, Gesellschaft, Eigenschaft*
-in	*Lehrerin, Schülerin, Fürstin, Friseurin, Mechanikerin*

Nominalisierung

Nominalisierungen sind Wörter, die im Satz als Nomen gebraucht werden, obwohl sie eigentlich anderen Wortarten angehören.
In Verbindung mit Nomensignalen können z. B. ▶ Verben und ▶ Adjektive zu Nomen werden: ▶ S. 74–76 ▶ S. 73

nominalisierte Verben	**nominalisierte Adjektive**
das Schwimmen	*das Neueste*
beim Gehen	*im Allgemeinen*
sein Zappeln	*sein Bestes*
kein Murren	*viel Gutes*
lautes Singen	*leckeres Süßes*
Sie wurde durch sein Schnarchen geweckt.	*Er achtete darauf, nichts Überflüssiges einzupacken.*

Tageszeiten und Wochentage

Tageszeiten und Wochentage werden **großgeschrieben,** wenn sie **Nomen** sind.	**Beispiele**
Man erkennt das oft an den üblichen Nomensignalen, • am Artikel	*der Mittwoch, ein Sonntag* *Eines Morgens rief sie ihn an.*
• an der Präposition	*am Abend, ab Dienstag* *Sie trafen sich am Nachmittag.*
• am Pronomen oder an der Mengenangabe	*jeden Morgen, dieser Abend* *Sie haben sich auch an vielen Abenden gesehen.*

Tageszeiten und Wochentage werden **kleingeschrieben,** wenn sie **Adverbien** sind.	**Beispiele**
Viele der Adverbien enden auf -s.	*samstags, montags,* *abends, nachmittags,* *früh, heute, gestern ...* *Sie muss werktags arbeiten.*
Bei kombinierten Tageszeitangaben schreibt man die **Adverbien klein** und die **Nomen groß.**	*gestern Abend, heute Nachmittag,* *morgen Mittag* *Seit gestern Morgen wartet er auf ihren Anruf.*

Mehrteilige Eigennamen

In mehrteiligen Eigennamen mit Bestandteilen, die keine Nomen sind, schreibt man **das erste Wort und alle Wörter außer Artikel und Präposition groß.**
Dies gilt z. B. für Eigennamen aus den Bereichen Politik und Medien:
Deutscher Bundestag, Vereinte Nationen, Museum für Deutsche Geschichte (in Berlin), *Süddeutsche Zeitung, Zweites Deutsches Fernsehen, Sächsische Neueste Nachrichten*

Geografische Namen und Herkunftsbezeichnungen

	Beispiele
In **Zusammensetzungen mit mehrteiligen Eigennamen,** die durch Bindestrich verbunden sind, werden die Eigennamen wie alle Nomen **großgeschrieben.**	*Rhein-Main-Gebiet* *Friedrich-Schiller-Straße*
Vorsicht: Zusammensetzungen mit **einteiligen Eigennamen** werden zusammengeschrieben.	*Rheintal, Schillerstraße*
In **mehrteiligen geografischen Namen** mit Bestandteilen, die **keine Nomen** sind, schreibt man alle Wörter **groß,** mit Ausnahme von Artikeln und Präpositionen.	*Vereinigte Staaten von Amerika* *Freie und Hansestadt Hamburg* *Kahler Asten*
Herkunftsbezeichnungen mit **Ableitungen auf -er** schreibt man **groß.**	*Kölner Dom* *Berliner Bär* *Meißener Porzellan* *Heidelberger Schloss*
Herkunftsbezeichnungen mit **Ableitungen auf -isch** gehören zur Wortart der Adjektive, deswegen schreibt man sie **klein.**	*hessische Stadt* *italienische Salami* *indischer Tee*

4.6 Getrennt- und Zusammenschreibung

Die folgenden Regelungen geben Orientierungshilfen. Aber: Im Bereich der Getrennt- und Zusammenschreibung bestehen zahlreiche Ausnahmeregelungen. Darum im Zweifelsfall: Im Rechtschreibwörterbuch **nachschlagen!**

Auch wenn zwei Wörter inhaltlich eng zusammengehören und oft nebeneinander benutzt werden, schreibt man sie **in der Regel getrennt.**	**Beispiele**
Nomen + Verb	*Auto fahren, Feuer fangen, Eis essen*
Verb + Verb	*spazieren gehen, liegen lassen, kennen lernen, verloren gehen, stehen bleiben*
Wortgruppen mit *sein*	*zufrieden sein, im Stande sein, allein sein*
steigerbares Adjektiv + Verb	*leicht fallen* (Steigerungsprobe: *leichter fallen*) *ernst nehmen* (Steigerungsprobe: *ernster nehmen*)
Adjektiv auf *-ig, -lich* und *-isch* + Verb	*fertig stellen, übrig lassen, heimlich tun*
mehrteilige Adverbien + Verb	*beiseite legen, vorwärts kommen, miteinander reden*

Zusammen schreibt man unter anderem	**Beispiele**
Zusammensetzungen aus Nomen + Nomen	*Blumenvase, Tischbein, Bildschirm*
Zusammensetzungen aus Nomen + Adjektiv	*bärenstark, kindgerecht, stundenlang*
Zusammensetzungen aus Adjektiv + Adjektiv	*lautstark, dunkelblau, nasskalt*
Verbindungen von Adjektiv + Verb, in denen man das Adjektiv **nicht steigern** bzw. die **Wortgruppe nicht erweitern** kann	*fernsehen* *Abends will er meistens **fernsehen.*** Nicht möglich: *ferner sehen, sehr fern sehen* *festsetzen* *Die Firma hat den Preis **festgesetzt.*** Nicht möglich: *fester gesetzt, ganz fest gesetzt.* *freisprechen* *Das Gericht hat den Angeklagten **freigesprochen.*** Nicht möglich: *freier gesprochen, sehr frei gesprochen*
Verbindungen mit *irgend*	*irgendwer, irgendjemand, irgendetwas*
Nominalisierungen von Wortgruppen	*Unvorsichtiges **Autofahren** ist lebensgefährlich.* *Beim **Tangotanzen** machte er eine gute Figur.*

4.7 Fremdwörter

Fremdwörter sind aus fremden Sprachen ins Deutsche übernommene Wörter. Meist erkennt man sie bereits an der Aussprache und an der Schreibung, denn sie gehorchen dabei den Regeln ihrer Herkunftssprache, z.B. *Inlineskates, Rendezvous.*
Fremdwörter werden besonders in der Wissenschaft und in der Fachsprache, aber auch in der alltäglichen Sprache verwendet. Wer sie benutzt, sollte wissen, wie sie ausgesprochen und geschrieben werden, und erklären können, was sie bedeuten. Im Zweifelsfall hilft ein Blick ins Wörterbuch.

aus dem **Griechischen:**	**th**	**ph**	**y**	**rh**	**-ik**
	*A**th**let*	*Atmos**ph**äre*	*System*	***Rh**ythmus*	*Log**ik***
	***Th**eater*	***Ph**iloso**ph**ie*	*mystisch*	***Rh**etorik*	*Opt**ik***
	***Th**erapie*	***Ph**ysik*	*Psychologie*	***Rh**abarber*	*Esoter**ik***
aus dem **Lateinischen:**	**-ieren**	**-tion**	**-iv**	**-ent**	**-ismus**
	*diskut**ieren***	*Reak**tion***	*akt**iv***	*Stud**ent***	*Organ**ismus***
	*gratul**ieren***	*Ak**tion***	*kurs**iv***	*Konsum**ent***	*Sozial**ismus***
	*serv**ieren***	*Lek**tion***	*fikt**iv***	*Präsid**ent***	*Real**ismus***
aus dem **Englischen:**	**-y**	**oo**	**-ing**	**ea**	**-ity**
	*Part**y***	*c**oo**l*	*Recycl**ing***	*R**ea**der*	*Public**ity***
	*Hobb**y***	*Shamp**oo***	*Camp**ing***	*Fr**ea**k*	
	*Bab**y***	*L**oo**ping*	*Mobb**ing***	*H**ea**ring*	
aus dem **Französischen:**	**-eur/-euse**	**-é**	**-eau**	**-age**	**oi**
	*Amat**eur***	*Caf**é***	*Niv**eau***	*Gar**age***	*T**oi**lette*
	*Fris**euse***	*Variet**é***	*Tabl**eau***	*Blam**age***	*S**oi**ree*
aus dem **Italienischen:**	**gh**		**cch**		**zz**
	*Spa**gh**etti*		*Zu**cch**ini*		*Ski**zz**e*
	***Gh**etto*		*Pino**cch**io*		*Pi**zz**a*

Eingedeutschte Schreibweisen

Beispiele

Manche **Fremdwörter aus dem Allgemeinwortschatz** werden **eingedeutscht**, d. h. in ihrer Schreibweise dem Deutschen angepasst. Die fremdsprachige Schreibung bleibt oft neben der eingedeutschten bestehen. Die Entscheidung, welche Variante gewählt wird, ist den Schreibenden überlassen. Für welche Fremdwörter eine eingedeutschte Schreibweise möglich ist, sagt uns das Wörterbuch.

Fantasie – Phantasie
Jogurt – Joghurt
Spagetti – Spaghetti
Majonäse – Mayonnaise
Klub – Club
schick – chic

Fremdwörter aus Fachsprachen werden dagegen **nicht eingedeutscht** und behalten die typischen fremdsprachlichen Buchstabengruppen bei. Dies gilt z. B. für eine Reihe von Fachbegriffen aus den Bereichen

- Computer — *Hardware, Update, Floppy Disk*
- Medizin — *physiologisch, Tomographie, Homöopathie*
- Geografie — *Vegetation, Tektonik, Stratosphäre*
- Deutschunterricht — *Metapher, These, analytisch, Rhetorik*

Tipp: Für die richtige Schreibung von Fremdwörtern aus Fachsprachen kann man verschiedene Informationsquellen befragen: Fremdwörterbücher, PC-Handbücher, Computer-Lexika, Fachbücher usw.

Pluralbildung bei Fremdwörtern

An Nomen mit der Endung **y** wird bei der Pluralbildung ein **s** angehängt:
Party → Partys, Baby → Babys, Hobby → Hobbys
Ist man sich bei der Pluralbildung eines Fremdwortes unsicher, sollte man im Wörterbuch nachschlagen.

4.8 Satzschlusszeichen

- Mit dem **Punkt** kennzeichnet man den Schluss eines **Aussagesatzes:**
  Morgen soll es sehr heiß werden.
- Das **Fragezeichen** setzt man am Ende eines **Fragesatzes:**
  „Wer hat mein Buch gesehen?“
- Das **Ausrufezeichen** steht nach:
  - **Ausrufen:** *„Oje!“*
  - **Aufforderungen:** *„Vergiss die Pässe nicht!“*
  - **Wünschen:** *„Bitte Ruhe!“*
  - **Anreden:** *„Hallo, Dennis!“*

4.9 Das Komma

Das Komma gliedert
- ▶ S. 114 ▶ Satzreihen
- ▶ S. 115–116 ▶ Satzgefüge
- ▶ S. 117 ▶ Wortgruppen (z. B. Aufzählungen)

Das Komma in der Satzreihe

Satzreihen sind Sätze, die zwei oder mehr Hauptsätze enthalten.
Die Hauptsätze werden in der Regel durch Komma voneinander abgetrennt:

Lukas spielt Streetball, Anne trainiert Judo.

Benedikt sieht nicht nur Sportsendungen, sondern er ist auch selbst sportlich.
…………………… HS 1, HS 2 …………………….

Sind die Hauptsätze durch die **Konjunktionen** *und* oder *oder* verbunden, muss **kein Komma** stehen, man kann aber das Komma zur Verdeutlichung setzen:

Anna mag Dirk(,) und Yasmin mag Linus.

Verena fährt mit ihren Eltern nach Italien(,) oder sie wandert mit Freunden in der Eifel.

Das Komma im Satzgefüge

Ein **Satzgefüge** ist aus einem Hauptsatz und (mindestens) einem Nebensatz zusammengesetzt.
Den Nebensatz erkennt man an
- einer einleitenden ▶ Konjunktion oder ▶ S. 77
- einem ▶ Relativpronomen. ▶ S. 74, 91

*Ein Autofahrer wird dafür haftbar gemacht, **wenn** er einen Skater übersieht.*
*Hier liegt das Buch, **das** ich so lange gesucht habe.*

Grundregel	Beispiele
Nebensätze werden durch **Komma(s)** vom Hauptsatz abgetrennt. In Satzgefügen sind verschiedene Satzstellungen möglich: **Hauptsatz + Nebensatz** ....HS, NS.........	*Das Buch wird weitergereicht,* *weil es spannend ist.* *Der Junge kam zu spät,* *weil er eingeschlafen war.*
Nebensatz + Hauptsatz HS......... ....NS,	*wird es gern gelesen.* *Wenn das Buch spannend ist,* *las er sofort weiter.* *Nachdem er aufgewacht war,*
Anfang des Hauptsatzes + Nebensatz + Fortsetzung des Hauptsatzes ......HS (Anf.), HS (Forts.)....... NS,	*Ein Buch, wird von vielen gelesen.* *das spannend ist,* *Ein Mensch, hat selten Langeweile.* *der viel liest,*

Zusatzregel	Beispiele
Zwei Nebensätze werden durch Komma voneinander abgegrenzt, wenn sie nicht durch *und* oder *oder* verbunden sind. ....HS, NS 1, NS 2........	*Das Buch ist spannend,* *weil es von einer Expedition handelt,* *bei der ein fremdes Volk entdeckt wurde.* *Ein Kind geht in die Bibliothek,* *um ein Buch auszuleihen,* *das von Afrika handelt.*

Sonderfall: Infinitivsätze	Beispiele
Infinitivsätze müssen normalerweise **nicht** durch Komma abgetrennt werden.	*Sie hoffte(,) das Buch zum Geburtstag zu bekommen.* *Sie erschienen(,) ohne sich angemeldet zu haben.*
Infinitivsätze **kann** man durch ein Komma abtrennen, wenn man z. B. die Gliederung des Satzes verdeutlichen oder Missverständnisse vermeiden will.	*Sie bat ihren Nachbarn(,) mit verletzenden Worten zurückhaltend zu sein.* *Sie bat ihren Nachbarn mit verletzenden Worten(,) zurückhaltend zu sein.* *Etwas Schöneres(,) als in den Ferien zu segeln(,) konnte sie sich kaum vorstellen.*
Ein Komma **muss** stehen, wenn durch ein **hinweisendes Wort** auf den **Infinitivsatz** Bezug genommen wird.	*Er rechnete* ***damit,*** *das Buch geliehen zu bekommen.* *Sie wartete* ***darauf,*** *abgeholt zu werden.*

Sonderfall: Partizipgruppen	Beispiele
Obwohl Partizipgruppen kein Verb in der Personalform enthalten, können sie im Satz die Funktion von Nebensätzen übernehmen. Partizipgruppen müssen normalerweise **nicht** durch Kommas abgetrennt werden.	*Wie gewünscht(,) erhalten Sie das Fax mit der Einladung.* *Ständig blinkend(,) meldete das Gerät ein eingegangenes Fax.*
Kommas stehen, • wenn durch **hinweisende Wörter** auf die Partizipgruppe Bezug genommen wird,	***So,*** *vollends ausgeschrieben, ist das „Fax" ein „Faksimile".* ***Auf diese Weise,*** *Wort für Wort übersetzend, las sie das italienische Fax.*
• wenn die Partizipgruppe eine **nachgestellte Erläuterung** ist. Oft stehen solche nachgestellten Erläuterungen am Satzende.	*Sie schaltete den PC wütend aus, über das magere Ergebnis enttäuscht.* *Ihre Freundin, das gerade eingegangene Fax lesend, freute sich über die Einladung.*

Das Komma in Wortgruppen

Durch **Kommas abgetrennt** werden:	**Beispiele**
• Wörter und Wortgruppen in **Aufzählungen**	*Die Römer verwendeten kleine hölzerne Täfelchen für Notizen, Rechnungen und anderes.*
Aber: Vor den Konjunktionen *und, oder, entweder … oder* steht kein Komma.	*Die Rosen und Nelken waren alle entweder hellrot oder rosa.*
• Wörter und Wortgruppen nach **entgegensetzenden Konjunktionen** wie *aber, sondern, jedoch, doch*	*Wir kamen müde, **aber** glücklich zu Hause an.* *Ich wollte keine grüne Hose, **sondern** eine graue.* *Das Fahrrad ist schön, **jedoch** ziemlich kaputt.*
• **Appositionen,** d. h. nachgestellte nähere Bestimmungen, die im gleichen Kasus stehen wie das Bezugswort (Meist ein Nomen) 	*Oskar, der freundliche Polizist, konnte den Fall schnell lösen.* *Frau Meier, die Direktorin, gab allen Kindern schulfrei.* *Sie gedachten Lessings, des großen deutschen Dichters.*
• **Orts- und Zeitangaben** (das abschließende Komma kann entfallen)	*Köln, den 6. Juli 2002* *Kursbeginn am Montag, dem 16. Oktober, um 7.45 Uhr(,) in Raum 21* *Timo M., Essen, Schillergymnasium(,) gewann den Wettbewerb.*
• **Anreden**	*Nina, gib mir bitte das Buch zurück.* *Freunde, hört mir mal zu.* *Hör mir endlich zu, Jan!* *Gehst du, Nora, bitte zur Tür?*
• **Nachgestellte Erläuterungen** Sie werden oft mit Wörtern wie *nämlich, und zwar, vor allem, das heißt (d. h.), zum Beispiel (z. B.)* eingeleitet.	*Das römische Schulrelief wurde in der Eifel ausgegraben, und zwar im Jahre 1884.* *Die Archäologen fanden ein Relief, z. B. mit einer Schulszene.* *Die Figuren, vor allem der Magister, sind gut erhalten.*

4.10 Satzzeichen bei wörtlicher Rede

Die wörtliche Rede in einem Text steht in **Anführungszeichen.** Die Satzzeichen ändern sich je nach Position des Redebegleitsatzes:

Regeln	Beispiele
Zwischen **einleitendem Redebegleitsatz** und der wörtlichen Rede steht ein **Doppelpunkt.**	*Die Deutschlehrerin fragte den Schüler: „Kennst du Karl Valentin?“*
Der **eingeschobene Redebegleitsatz** wird durch **Kommas** abgetrennt.	*„Ich habe schon einmal gelesen“, antwortete der Schüler, „wie Valentin in einen Schirmladen gegangen ist und die Verkäuferin total verrückt gemacht hat.“*
Der **nachgestellte Redebegleitsatz** wird durch ein **Komma** von der wörtlichen Rede abgetrennt. **Achtung:** Der Schlusspunkt der wörtlichen Rede entfällt! Frage- und Ausrufezeichen bleiben erhalten.	*„Heute werdet ihr einen Dialog von ihm kennen lernen, bei dem eine Maus im Mittelpunkt steht“, erklärte die Lehrerin.* *„Gibt es noch Fragen?“, wollte die Lehrerin wissen.* *„Hausaufgaben nicht vergessen!“, mahnte sie am Ende der Stunde.*

4.11 Richtiges Zitieren und Quellenangaben

	Beispiel
Wenn man Teile eines Textes, den man untersucht, wörtlich übernimmt, stehen diese Zitate in **Anführungszeichen.** Wird eine Textstelle nur teilweise übernommen, müssen die **Auslassungen** durch [...] kenntlich gemacht werden. Nach den abschließenden Anführungszeichen gibt man in Klammern die **Zeile** an, in der das Zitat im Text zu finden ist. Der Schlusspunkt des Satzes steht erst nach der Zeilenangabe.	*Sagen „knüpfen ursprünglich an einen wirklichen äußeren Anlass an“ und behandeln „seltsame und unerklärbare Naturereignisse [...], grausame Geschehnisse aus dem Menschenleben“ (Z. x–y).*

Die zitierte Textstelle wird **buchstabengetreu** wiedergegeben. Dabei muss man auch darauf achten, das Zitat nicht in einen falschen Sinnzusammenhang zu stellen.
Um Herkunft und Wortlaut eines Zitats überprüfbar zu machen, gibt man die **Textquelle** präzise an, d.h., man macht bibliografische Angaben. Dabei ist zu unterscheiden, ob man aus einem Buch, einem Zeitschriftenaufsatz oder einem Sammelband mit Beiträgen verschiedener Autoren zitiert. Auch bei Übernahmen aus dem Internet muss die Herkunft eindeutig gekennzeichnet werden.
Auch für die Zeichensetzung in Quellenangaben gibt es Regeln. Häufig werden Quellen nach dem folgenden Muster angegeben:

	Beispiele
Zitat aus einem **Buchtitel:** Name, Vorname: Titel. Verlag, Erscheinungsort(e) und -jahr, Seite	*Wolf, Christa: Kassandra. Erzählung. Luchterhand Verlag, Darmstadt und Neuwied 1983, S. 144*
Zitat aus einem **Sammelband** mit verschiedenen Autoren und einem Herausgeber: Name, Vorname: Titel. In: Name, Vorname (Hg.): Titel. Verlag, Erscheinungsort(e) und -jahr, Seite	*Herrschel, Rita: Schulen ans Netz? In: Werbel, Ronald (Hg.): Internet und Schule. Scharker Verlag, Bremen 2002, S. 17–21*
Zitat aus einer **Zeitschrift:** Name, Vorname: Titel. In: Name der Zeitschrift, Jahrgang. Jahr, Nr. der Ausgabe, Seite	*Bichsel, Peter: Eigenartige Leute – Leser zum Beispiel. In: Der Deutschunterricht, 40. Jg. 1988, H. 4, S. 5–8*
Zitat aus dem **Internet:** Name, Vorname: Titel. URL (Internetadresse)	*Bleuel, Jens: Zitieren von Quellen im Internet. 21. 12. 2001. Online im Internet. URL: http://ourworld.composerve.com/home-pages/jbleuel/ip-zit.html [Stand 10. 01. 2002]*

4.12 Der Apostroph

	Beispiele
Auslassung von Buchstaben in Wörtern kennzeichnet man mit dem **Apostroph.**	*Tu's doch! Wie war's im Kino? „Frühling, ja du bist's ..."*
Wenn **Eigennamen** mit einem **s-Laut enden**, setzt man im Genitiv einen Apostroph. Das gilt für Wörter, die am Ende mit -s, -ss, -ß, -tz, -z, -x oder -ce geschrieben werden.	*Heinz' Geburtstag, Thomas' Tasse, Fritz' Skateboard*

4.13 Checkliste Rechtschreibung

Wenn du beim Schreiben Fehler vermeiden willst, musst du gezielt an deinen Rechtschreibschwächen arbeiten. Dazu kannst du die folgende Checkliste verwenden:

Fehlerzeichen	Fehlerquelle und Korrektur
L	**Lautprinzip** beachten! Beim deutlichen Sprechen hört man oft, wie ein Wort geschrieben wird. → Das Wort langsam und deutlich sprechen und dreimal schreiben.
St	**Stammprinzip beachten!** Den Stamm eines Wortes schreibt man in allen Formen gleich. → Bist du bei einer Wortform unsicher, suche eine verwandte Form, die du sicher schreiben kannst: *Der Termin ist fälli?* → *fälli**g**e (Termine)* → *fälli**g*** *beh?nde* → *H**a**nd* → *beh**ä**nde*
WB	**Wortbausteine** am Anfang und Ende eines Wortes beachten (Präfix/Suffix)! → Bist du über die Schreibung eines Wortanfangs oder -endes unsicher, suche bekannte Wörter mit vergleichbarem Anfang/Ende: *en?fernen* → *en**t**laden, en**t**flechten, en**t**werfen* → *en**t**fernen* *tragba?r* → *halt**bar**, unschlag**bar**, wunder**bar*** → *trag**bar***
N	**Großschreibung** beachten! → Ein passendes Nomensignal suchen und es zusammen mit dem Nomen aufschreiben: *beim ?bschreiben* → *bei **dem** Abschreiben* → *beim Abschreiben*
G–Z	**Getrennt- und Zusammenschreibung** beachten! → Im Zweifelsfall nach bekannten Parallelwörtern suchen: *irgend?etwas* → *irgendein, irgendwo* → *irgendetwas* *dabei?sein* → *da sein, oben sein* → *dabei sein* *Kopf?stehen* → *Schlange stehen*
S	**s-Laut** beachten! → Ist der s-Laut **stimmhaft:** *reisen*/**stimmlos:** *bei**ß**en* → Ist der Vokal davor **kurz:** *Schl**o**ss*/**lang:** *Sch**o**ß*
F	**Fremdwort** beachten! → Im Wörterbuch nachschlagen, die Herkunftssprache hinter das Wort schreiben.
Tr	**Worttrennung** beachten! → Das Wort nach Sprechsilben getrennt aufschreiben.
Z	**Satzzeichen** beachten! → Den ganzen Satz noch einmal mit allen Satzzeichen abschreiben.

Beispiel:

Laura Mertens *15. August 2002*
Dolmaustr. 4
51427 Berg. Gladbach

Tanzschule Breuer
Claudiusstr. 23
51273 Köln

Vertrags-Anulierung F[1]

Sehr gehrte Damen und Herren, L[2]

es tut mir leid, Ihnen mitteilen zu müssen, dass ich meine Anmeldung N[3]
zum Tanskurs zurück_nehmen muss. St[4] G–Z[5]
Meine Eltern sind der Ansicht_dass ich noch zu jung bin. Ich soll noch Z[6]
ein Jahr warten, meinen sie, bis ich an einem Ihrer nächsten Tanskurse teilnehme. Anulieren Sie deshalb bitte den Vertrag.
Die bereits angezahlten 30 Euro überweisen Sie bitte auf das Konto 4137221 bei der Postbank Köln.

Mit der Bitte um Endschuldigung und freundlichen Grüßen WB[7]

Laura Mertens

____
(Unterschrift der Eltern)

1 Fremdwort nachschlagen: a**nnull**ieren
2 ge-ehr-te
3 **ein** Leid zufügen, **das** Leid war so groß …
4 Tan?kurs → tan**z**en → Tan**z**kurs
5 zurück?nehmen → zurückbringen, zurückhalten → zurücknehmen
6 Meine Eltern sind der Ansicht**,** dass ich noch zu jung bin.
7 En?schuldigung → en**t**kräften, en**t**hüllen, en**t**decken → en**t**schuldigen

5 Arbeitstechniken und Methoden

5.1 Hausaufgaben machen

Der Arbeitsplatz

- Du solltest einen festen Arbeitsplatz haben, an dem du ungestört für die Schule arbeiten kannst.
- Der Schreibtisch steht an einem hellen, gut beleuchteten Platz.
- Er ist groß genug für die nötigen Arbeitsmittel (Lehrbücher, Lexika, Hefte …).
- Dinge, die vom Lernen ablenken, sind weggeräumt.

Die Zeitplanung

- Lege nach dem Mittagessen eine Erholungspause ein (frische Luft, Musik hören ...).
- Mache deine Hausaufgaben zu möglichst festen Zeiten.
- Unterbrich längere Hausaufgaben durch kurze Pausen (alle halbe Stunde 5 Minuten).
- Lerne nicht in den Abendstunden, denn dein Körper stellt sich dann schon auf das Schlafen ein.

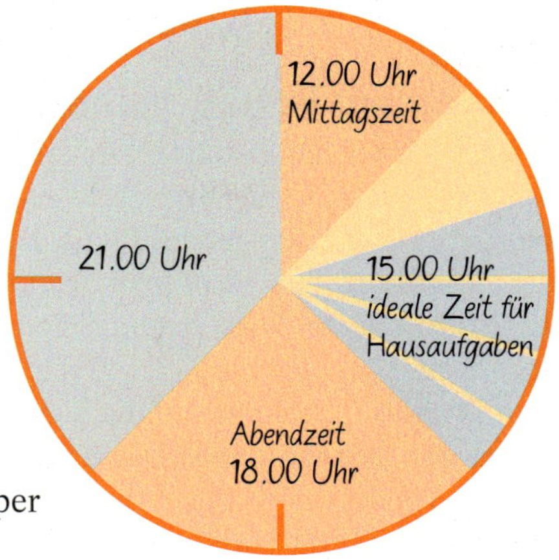

Die Arbeitsplanung

- „Arbeite dich warm“ mit kleineren und einfachen Aufgaben in der Aufwärmphase.
- Beginne mit den Hausaufgaben, die dir Spaß machen.
- Wechsle schwierige Aufgaben mit leichten ab, damit dir die Hochleistung erhalten bleibt.
- Wechsle zwischen verschiedenen Arten von Aufgaben ab, damit das Lernen nicht eintönig wird.
- Erledige die Hausaufgaben in kleinen, überschaubaren „Häppchen“.
- Lerne verschiedene Sprachen nicht hintereinander, sondern wechsle mit anderen Fächern ab.

5.2 Klassenarbeiten vor- und nachbereiten

„Gut geplant ist halb gelernt"

Dir ist vielleicht auch schon einmal bei einer Klassenarbeit nichts mehr eingefallen, obwohl du am Vortag alles eingepaukt hast. Einen solchen „Blackout" bekommt man, wenn man zu sehr in Stress gerät, Angst hat oder sich sehr unsicher fühlt.

Wenn du dich rechtzeitig auf die Klassenarbeit vorbereitest, kannst du solchen Stress vermeiden. Am Vortag der Klassenarbeit brauchst du dann keinen neuen Stoff mehr zu lernen, sondern das vorher Gelernte nur zu wiederholen.

Man kann nicht fünf Stunden hintereinander lernen. Du sitzt dann zwar noch am Schreibtisch und beruhigst dein Gewissen, aber das Gehirn nimmt nichts mehr auf. Zudem dauert es einige Zeit, bis man den Leistungshöhepunkt erreicht. Verschwende also keine Zeit und lerne in kleinen, überschaubaren Portionen. Wenn du deinen Lernstoff auf mehrere Tage verteilst, prägst du dir den Stoff besser ein, fühlst dich sicherer und gehst lockerer in die Klassenarbeit.

Bei den Vorbereitungen der Klassenarbeiten brauchst du einen Terminkalender, in den du alle Klassenarbeiten und die Vorbereitungsphasen einträgst. Ratsam ist es, mindestens eine Woche vorher den Plan zu erstellen und regelmäßig zu ergänzen.

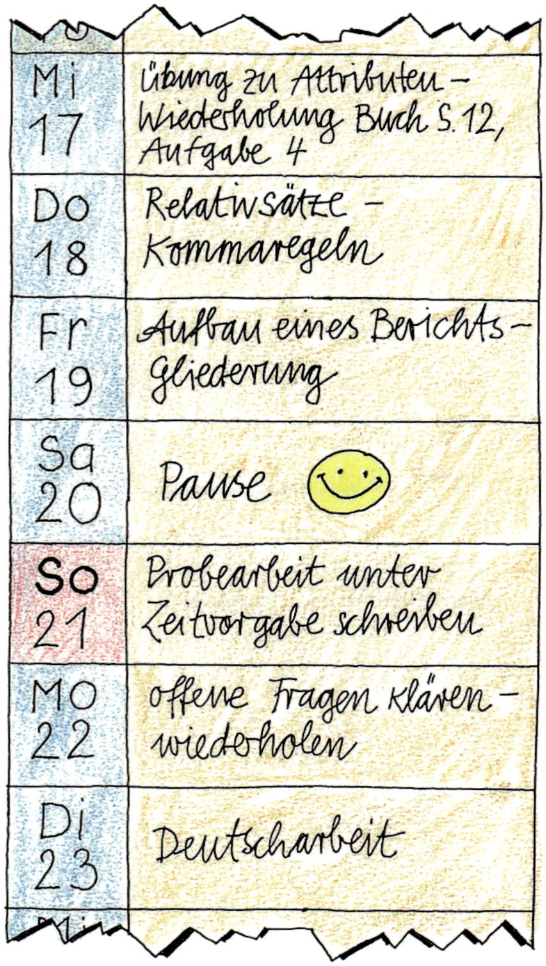

Lerntipps: Gut vorbereitet von A bis Z

Am Abend vor der Klassenarbeit frühzeitig schlafen gehen.

Begriffe von besonderer Bedeutung übersichtlich ordnen.

Chaos rund um den Arbeitsplatz beseitigen.

Diskussion mit Lernpartnern führen.

Eselsbrücken bauen.

Frühzeitig mit den Vorbereitungen beginnen.

Gedächtnisübungen zu Hause anstellen.

Hefte, die sauber und übersichtlich geführt wurden, noch einmal durchgehen.

Informiere dich bei Mitschülern über Prüfungsaufgaben älterer Jahrgänge.

Jeden Tag ein bisschen wiederholen.

„Keep cool!" – Lass dich nicht nervös machen!

Lernkärtchen anfertigen.

Merksätze festhalten.

Notizen aus dem Unterricht wiederholen.

Ohne Konzentration geht nichts.

Portionen beim Lernen überschaubar halten.

„Je anschaulicher der Lernstoff aufbereitet und je aktiver er eingeprägt wurde, desto besser bleibt er im Gedächtnis haften."

Quadratzentimeterkleine (3 cm^2) Spickzettel für die Wiederholung des Lernstoffs erstellen.

Regelheft anlegen.

Werde immer kleiner mit den Spickzetteln. Beginne bei DIN A4 und Ende bei 3 cm^2.

Schreibe sauber und übersichtlich.

Textvorlagen markieren.

Übungsarbeiten erstellen und ausprobieren.

Vokalbelkartei für schwierige Wörter anlegen.

Wechselseitig Frage-Antwort-Spiele durchführen.

X-mal wiederholen.

Yin und Yang in Einklang bringen.

Zeitgefühl trainieren.

Zehn goldene Regeln – Verhalten während der Klassenarbeit

- Nimm dir Zeit, die Aufgabenstellung gründlich durchzulesen.
- Mache dir klar, was genau gefragt ist.
- Frage bei Unklarheiten nach.
- Konzentriere deine Aufmerksamkeit auf deine Klassenarbeit.
- Erstelle einen Zeitplan für die einzelnen Aufgaben, damit du rechtzeitig fertig wirst. Plane auch Zeit für die Textüberarbeitung ein.
- Beginne mit den leichten Aufgaben. Das gibt dir Zuversicht und Selbstvertrauen.
- Lege auch bei hoher Anspannung kleine einminütige Pausen ein. Deine Leistungsfähigkeit steigert sich dadurch.
- Überprüfe hin und wieder, ob du gezielt auf die Fragestellung eingehst.
- Wenn du nicht gleich weiterkommst, gib nicht auf.
- Gib dir am Schluss der Arbeit genügend Zeit, um die Arbeit auf Sprachrichtigkeit zu überprüfen.

Klassenarbeiten nachbereiten: Aus Fehlern lernen

Die korrigierte und bewertete Klassenarbeit sollte man nicht einfach zur Seite legen: Aus den eigenen Fehlern kann man für die nächste Arbeit lernen. Lies aufmerksam den Kommentar unter der
▶ S. 120, Arbeit durch, untersuche deine ▶ Fehlerschwerpunkte (Rechtschreibung, Satzbau, Wortwahl,
S. 134 sachliche Fehler?).

Rechtschreib- und Zeichensetzungsfehler kannst du in Form einer **Fehlerkartei** berichtigen. Die korrigierten Wörter bzw. Sätze (bei Zeichensetzungsfehlern!) werden nach jeder Arbeit einzeln auf einer Karteikarte notiert. (Ein wiederholter Fehler erhält auch eine zweite Karteikarte!) Auf die Rückseite kannst du eine zugehörige Regel oder weitere Beispiele und Merksätze für diesen Fall schreiben. Diese Karten stellst du in alphabetischer Ordnung in einen Karteikasten. Nach einigen Arbeiten erkennst du deine Fehlerschwerpunkte recht schnell.

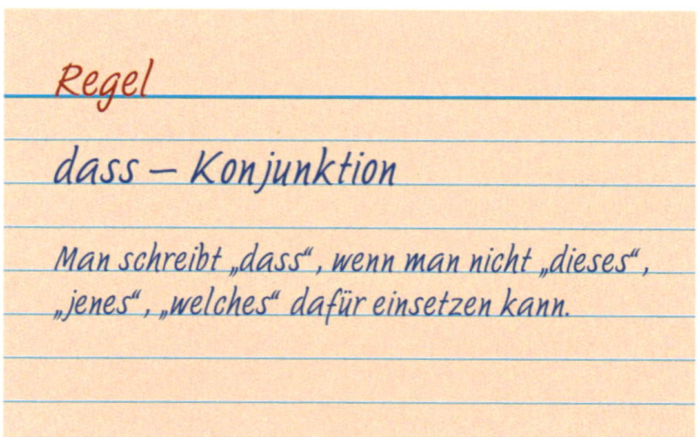

Vorderseite

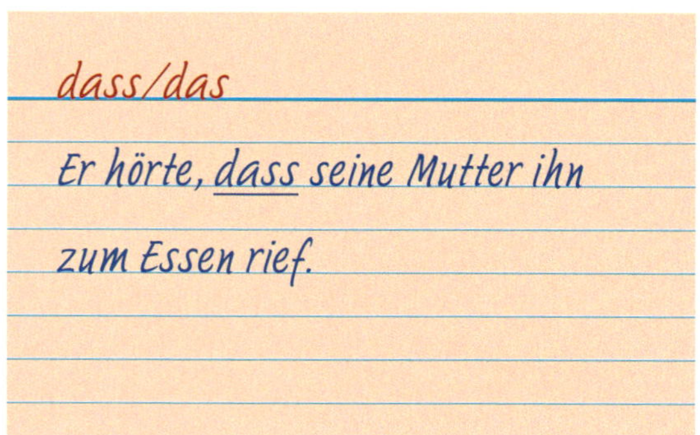

Rückseite

5.3 Texte erschließen

Markieren/Unterstreichen

Wenn du Inhalte eines Sachtextes erschließen und behalten willst, musst du die wichtigsten Aussagen des Textes auf eine einprägsame Art markieren. Oft wird viel zu viel markiert, sodass bei einer Wiederholung der gesamte Text erneut gelesen werden muss. Markierungen sollen dazu dienen, dass die Kerninhalte möglichst schnell wieder im Gedächtnis wachgerufen werden.

Eine bewährte Methode des Markierens ist die Drei-Stufen-Methode:

1. Stufe
Lies den Text und markiere dir mit einem Fragezeichen am Rand (Bleistift!) unbekannte oder unklare Begriffe. Wenn es möglich ist, kläre sie durch Nachschlagen. Knappe Erklärungen schreibst du an Stelle des Fragezeichens (radieren) an den Rand.

2. Stufe
Lies den Text ein zweites Mal und unterstreiche mit einem Bleistift (mit Hilfe des Lineals) wichtige Aussagen.
Bereits hier solltest du darauf achten, nur wenig zu markieren.

3. Stufe
Hebe aus den mit Bleistift markierten Stellen nur die Kernwörter mit einem Textmarker hervor. Die Nebeninformationen kannst du mit einem feinen Filzstift markieren.
Benutze zwei verschiedene Farben für Textmarker und Filzstift (am besten Gelb und Rot). Auch hier gilt: Lieber noch einmal aus den Bleistiftmarkierungen auswählen als zu viel markieren.

„Gastarbeiter" in Deutschland

In den Sechzigerjahren gab es in Deutschland ein großes Interesse an ausländischen Arbeitnehmern, weil in der wachsenden Industrie Arbeitskräfte fehlten. Viele Arbeiter kamen nach Deutschland, um den Schwierigkeiten in ihren Heimatländern zu entgehen und eine lohnende Lebensperspektive zu gewinnen. Ihr Ziel war der rasche Gelderwerb, um mit den Ersparnissen nach der Rückkehr in die Heimat eine eigene Existenz aufbauen zu können. Damit sie möglichst viel sparen konnten, lebten viele der „Gastarbeiter", wie sie in Deutschland genannt wurden, in einfachen Unterkünften. Sie suchten auch selten Kontakt zu Deutschen und blieben unter sich, um sich dadurch ein wenig Heimat in der Fremde zu erhalten: die eigene Sprache, eigene Speisen, eigene Musik.

1973 war die wirtschaftliche Situation in der Bundesrepublik Deutschland nicht mehr so rosig wie in den Sechzigern, man befürchtete Arbeitslosigkeit. Mittlerweile arbeiteten 2,3 Millionen Ausländer in deutschen Betrieben. Ein Anwerbestopp wurde beschlossen, damit sich diese Zahl verringerte.

Exzerpieren/Zusammenfassen

Um sich Textaussagen gut ins Gedächtnis einzuprägen, ist es sinnvoll, sie zusammenzufassen. Ein **Exzerpt** ist eine Textzusammenfassung, die nur die wesentlichen Aussagen in eigener Formu-
▶ S. 127 lierung wiedergibt. Ein Exzerpt kann schnell erstellt werden, wenn durch die ▶ Drei-Stufen-Methode ein Text entsprechend vorbereitet ist. Du benutzt dazu die Markierungen, wobei die Kernwörter den Aufbau des Exzerptes bestimmen. Das Exzerpt sollte knapp gehalten werden (stell dir vor, dass du es als „Spickzettel" benutzen möchtest).

Beispiel:

„Gastarbeiter" in Deutschland

In den Sechzigerjahren brauchte die Industrie in Deutschland viele Arbeiter. Mit dem Ziel des Gelderwerbs kamen viele Ausländer nach Deutschland. Sie suchten die Heimat in der Fremde und blieben oft unter sich. Als die wirtschaftliche Situation schlechter wurde, beschloss man einen Anwerbestopp.

Der einmillionste Gastarbeiter wird in der Bundesrepublik begrüßt

Eine Tabelle zum Textinhalt anlegen

Informationstexte, die ein Sachgebiet darstellen, lassen sich zumeist gut in eine Tabelle umwandeln. Die Aufgabe besteht darin, die Aussagen, die im Text enthalten sind, sinnvoll in Zeilen und Spalten anzuordnen.

Beispiel:

Zeit	Situation	Reaktion
1960–1970	Industrie in Deutschland wächst rapide – Arbeitskräfte fehlen	Anwerben von Arbeitern im Ausland
1970–1973	Die wirtschaftliche Situation verschlechtert sich.	Ein Anwerbestopp wird beschlossen.
...	...	...

Informationen in einem Schema zusammenfassen

Enthält ein Text umfangreiche Aussagen über verschiedene Teile eines Sachgebietes, lässt er sich oft in einem Schema veranschaulichen. Durch Kästchen und Pfeile, die beschriftet werden können, werden Zusammenhänge zwischen den Einzelelementen deutlich.

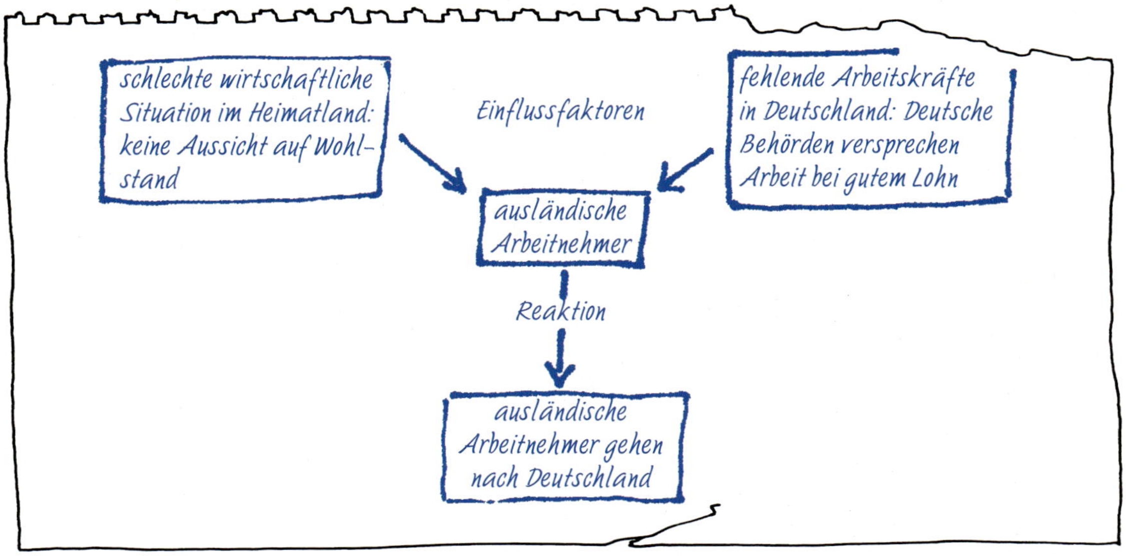

Fluss- oder Verlaufsdiagramme zu Texten anlegen

Texte, die Abläufe beschreiben, lassen sich als Flussdiagramm veranschaulichen. Ähnlich wie beim Schema wird hier mit Kästchen und Pfeilen gearbeitet, es können „Weichen" (oder-Alternativen) und „Schleifen" (Wiederholungen) eingefügt werden.

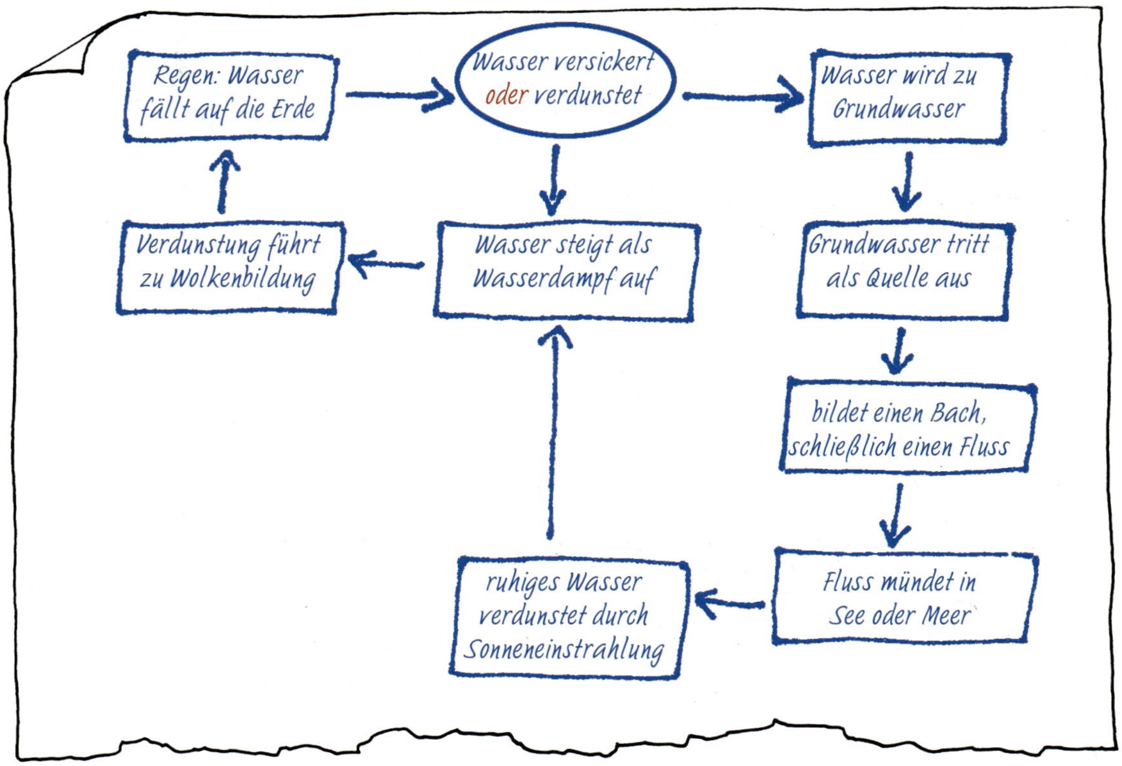

5.4 Lernstoff aufbereiten: Cluster, Mind-Map

Cluster und Mind-Map sind zwei Methoden, mit denen man größere Stoffbereiche in ihrem Zusammenhang gut veranschaulichen kann. Der Cluster dient als Methode der Stoffsammlung (z. B. für eine Problemerörterung) und der Ideenfindung, die Mind-Map ist zur Aufbereitung und Strukturierung des Lernstoffs (z. B. zur Gliederung einer schriftlichen Arbeit) geeignet.

Cluster

In einem Cluster wird das Thema mit einem zentralen Begriff in die Mitte eines leeren Blattes geschrieben und mit einem Kreis umgeben, dann werden weitere Begriffe und Ideen, die einem dazu einfallen, zugeordnet. Dazu schreibt man diese Begriffe ebenfalls jeweils in einen Kreis, der durch einen kurzen Strich mit dem Ausgangskreis verbunden wird. Zu jedem weiteren Begriff können wiederum Einfälle auf dieselbe Art und Weise notiert werden, sodass schließlich viele Stichwortkreise miteinander verbunden sind und alle Einfälle, Ideen und Assoziationen zu einem Ausgangsbegriff in Verbindung stehen.

Ein Cluster eignet sich besonders gut für eine erste Stoffsammlung und Ideenfindung. Um die Gedanken frei fließen zu lassen, sollte man sich nicht auf Folgerichtigkeit und logische Ordnung konzentrieren, sondern auch zunächst abwegig erscheinende Ideen notieren. Sie können Anstoß für weitere wichtige gedankliche Verknüpfungen sein.

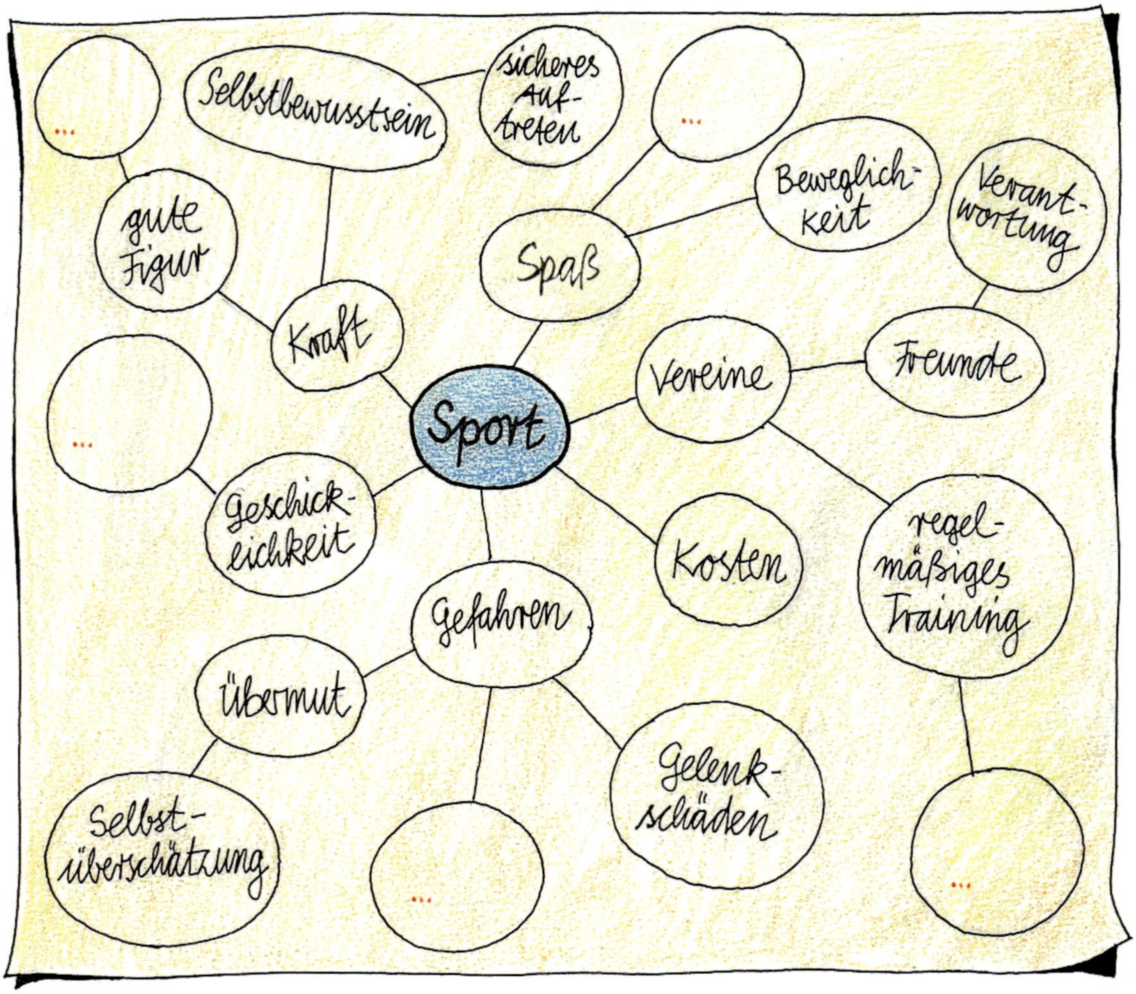

Mind-Map

Die Mind-Map („Gedanken-Landkarte") ist im Gegensatz zum Cluster stärker logisch und begrifflich geordnet. Ihr Ziel ist es, ein Sachgebiet oder ein Problem in seiner logischen Struktur überblicksartig zu präsentieren. Damit steht sie der Gliederung sehr nahe, allerdings hat sie eine einprägsamere Form.

Man erstellt eine Mind-Map, indem man vom Zentralbegriff, der das Thema angibt und der in die Mitte eines leeren Blattes in einen Kasten oder Kreis geschrieben wird, Striche (Pfade) in unterschiedlicher Stärke zeichnet, auf die in Großbuchstaben die Elemente der logisch nächsten Unterstufe geschrieben werden.

Eine Baumkrone mit Haupt- und Nebenästen entsteht, wenn die Oberbegriffe auf dicken und die untergeordneten Begriffe auf dünnen Linien vermerkt werden. Teilaspekte und Arbeitsschwerpunkte des Themas sind schließlich übersichtlich geordnet und leichter voneinander abzugrenzen. Durch verschiedene Farben, Piktogramme oder Bilder kann eine Mind-Map sehr anschaulich sein.

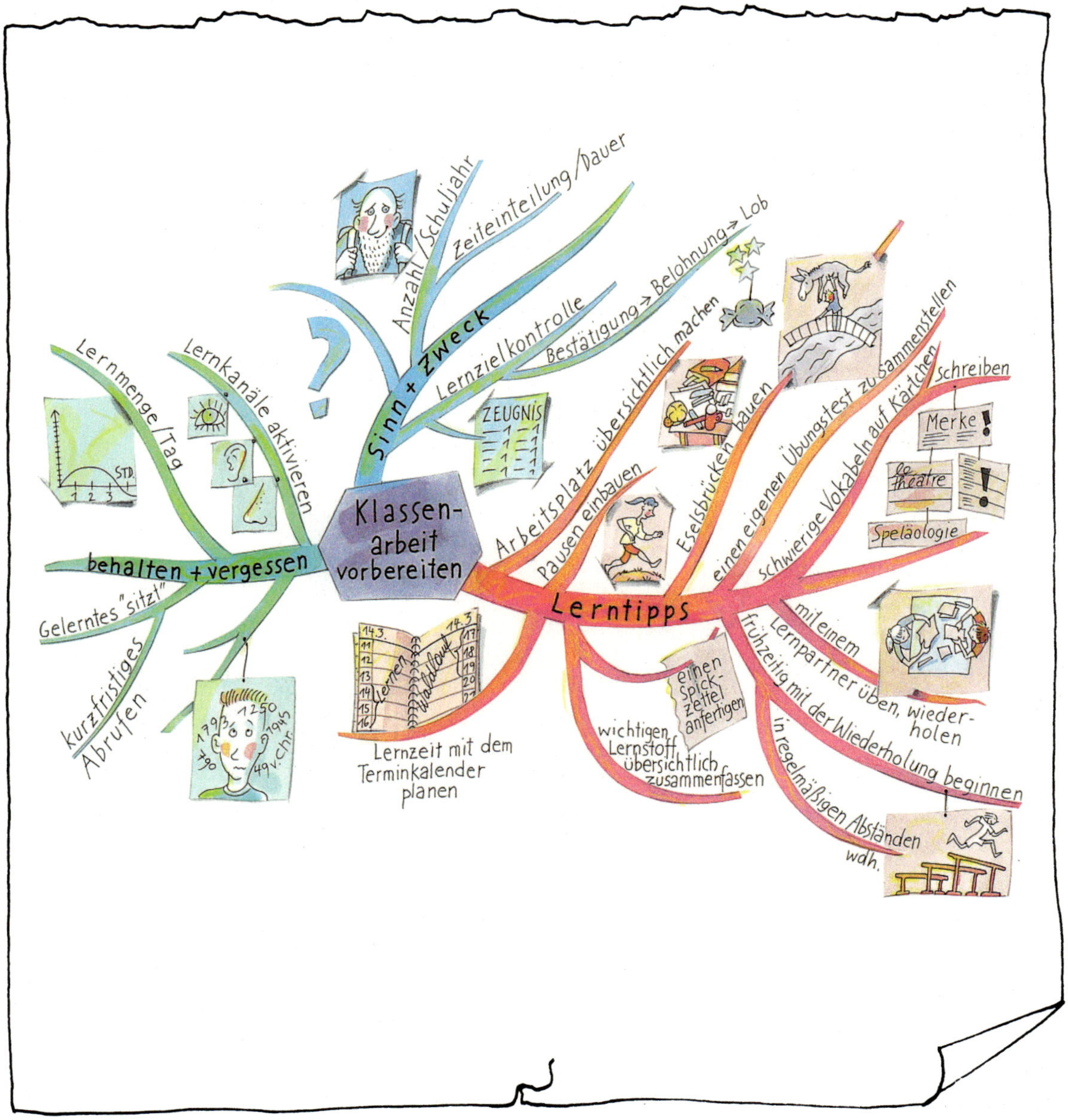

5.5 Texte überarbeiten

Leitfragen zur Textüberarbeitung

Die folgende Übersicht gibt Anregungen zur Überarbeitung von Texten und hebt die wichtigsten Gesichtspunkte hervor.

Inhalt

- Ist dem Leser/der Leserin ohne besondere Mühe verständlich, worum es in dem Text geht?
- Werden Personen, Schauplätze und Vorgänge anschaulich, präzise usw. beschrieben?
- Fühlt der Leser/die Leserin sich vom Thema angesprochen?
- Sind klare Schwerpunkte gesetzt oder gerät das Thema häufiger aus dem Blick?

Aufbau/Gliederung

- Ist der Text übersichtlich gegliedert, z. B. nach Einleitung, Hauptteil und Schluss?
- Ist die Reihenfolge der Gliederungsschritte stimmig?
- Regt beispielsweise die Einleitung zum weiteren Lesen an?
- Enthält der Text Widersprüche und Ungereimtheiten?
- Werden unbekannte Begriffe erklärt?

Sprachlicher Ausdruck (Stil)

- Ist die Wortwahl abwechslungsreich, genau, anschaulich, angemessen usw.?
- Ist der Satzbau klar und abwechslungsreich?
- Lässt sich der sprachliche Ausdruck durch Ersatz-, Umstell-, Weglass- oder Erweiterungsprobe verbessern?
- Werden unnötige Wiederholungen und Füllwörter vermieden?

Rechtschreibung/Zeichensetzung/Grammatik

▶ S. 75–76, S. 83–86

- Ist der Text grammatisch einwandfrei im Hinblick auf ▶ Tempus, Modus (Indikativ und Konjunktiv), grammatische Beziehungen, Wortstellung, Satzbau usw.?

▶ S. 99–121

- Sind ▶ Rechtschreibung und Zeichensetzung fehlerfrei? (Sind neben Wörterbüchern auch persönliche Lernkarteien oder Merkhefte hinzugezogen worden?)

Reinschrift

- Ist die äußere Form ansprechend (Rand, Kopf des Textes usw.)?
- Ist die Schrift gut lesbar?
- Ist die Abschnittsgliederung sichtbar?
- Entspricht das Layout dem Verwendungszweck des Textes (Klassenzeitung, Wandzeitung usw.)?

Textüberarbeitung im Team

Man verbessert seine Schreibfähigkeit nur, wenn man seine Texte regelmäßig selbst überarbeitet oder auch von anderen verbessern lässt. Besonders gewinnbringend ist die Überarbeitung von Texten in Zusammenarbeit mit Mitschülerinnen und Mitschülern. Dabei bieten sich unterschiedliche Methoden an, z. B. das Vorlesen und Besprechen der Textentwürfe in Kleingruppen oder die schriftliche Verbesserung durch eine Mitschülerin/einen Mitschüler mit anschließendem Auswertungsgespräch. Besonders bewährt hat sich das Verfahren, den Entwurf durch 3–5 Mitschülerinnen/Mitschüler kommentieren zu lassen. Für die Kommentierung gibt es verschiedene Möglichkeiten.

Verfahren 1:
Die Texte werden ausgetauscht. Jeder Text wird nach dem folgenden Schema („Textlupe") kommentiert:

Petra	Vorzüge	Probleme	Korrekturvorschläge
1. Schüler/-in	anschaulich	teilweise zu langatmig, Gefahr der Langeweile	Spannungsmomente einbauen, kürzen
2. Schüler/-in	...	...	...
...	...	...	...

Verfahren 2:
Jede/jeder markiert durch Kreise und Ziffern im fremden Text, wozu sie/er etwas bemerken möchte. Am Rand oder auf einem anderen Blatt werden nun zur entsprechenden Stelle unter den Ziffern Fragen, Ergänzungen, Kommentare geschrieben.
Anschließend erhält jede/jeder die Notizen der anderen zum eigenen Text und kann auswählen, welche Vorschläge sie/er bei der Überarbeitung berücksichtigt.

Verfahren 3: Schreibkonferenz im Schreibkarussell

Sitzordnung

Die Teilnehmer/-innen sitzen sich paarweise gegenüber.
Wichtig ist, dass ein deutlich erkennbarer Innen- und Außenbereich entsteht.

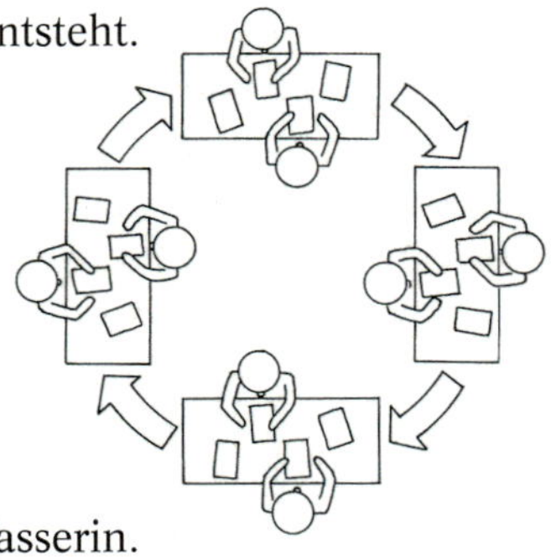

Material

- Steckt die zu überarbeitenden Texte in Klarsichthüllen (pro Tischpaar muss ein Text verfügbar sein).
- Benutzt ein Wörterbuch (Lexikon) und die Checkliste von S. 132 als Hilfsmittel.

Ablauf

- Immer ein Tischpaar bearbeitet den Text eines Verfassers/einer Verfasserin.
- Legt vorher die Bearbeitungszeit für alle fest. Jemand gibt das Zeichen für Anfang und Ende der Bearbeitungsrunde.
- Die Paare des Schreibkarussells wandern dann – je nach Absprache – entweder alle einen Tisch in derselben Richtung weiter oder sie trennen sich in unterschiedlicher Drehrichtung.
- Am Ende des Schreibkarussells erhalten die Verfasser/-innen ihre Texte mit Korrekturzetteln zurück und können damit eine neue, überarbeitete Reinschrift anfertigen.

Fehlerzeichen

Mit Hilfe der folgenden Fehlerzeichen könnt ihr eure Textkommentierung vereinfachen:

Fehler	Fehlerzeichen
Sachliche Fehler, z. B. falsche oder nicht belegbare Aussagen	**sa**chlich falsch **(sa)**
Logische Fehler, z. B. Widersprüche in der Gedankenführung, Ungenauigkeiten bei der Verknüpfung von Gedanken (falsch gewählte Pronomina oder Konjunktionen) oder Fehler im **Textaufbau** (z. B. Gedankensprünge)	**D**enkfehler **(D)**
Formfehler beim **Zitieren**, z. B. fehlende Markierung von Auslassungen oder Veränderungen in den Wortendungen	**Zit**attechnik falsch **(Zit)**
Mängel in der **begrifflichen Präzision** oder Schwächen im **stilistischen Bereich**	**W**ort falsch gebraucht **(W)** **A**usdrucksfehler **(A)** **W**ortwie**d**er**h**olung **(Wdh)**
Fehler im **Satzbau**	**S**atz**b**aufehler **(Sb)**
Verstöße gegen die **Sprachrichtigkeit**	**R**echtschreibfehler **(R)**, **Z**eichensetzungsfehler **(Z)**, **Gr**ammatikfehler **(Gr)**, **T**empusfehler **(T)**, **Bez**iehungsfehler **(Bez)**

5.6 Bücher lesen/Ein Lesetagebuch führen

Bücher lesen – Ideen und Tipps

Für jeden Menschen ist das Lesen eine wichtige, grundlegende Fähigkeit in der heutigen Gesellschaft. Lesen bedeutet dabei nicht nur Aufnahme von Informationen und Nachrichten (etwa für den Beruf), sondern Lesen bedeutet auch Anregung der Fantasie und hilft, für viele Lebenssituationen vorbereitet zu sein.

Es gibt viele Mittel und Wege, die Lust am Lesen wach zu halten. In der ▶ Mind-Map findest du hierzu einige Ideen und Anregungen. ▶ S. 131

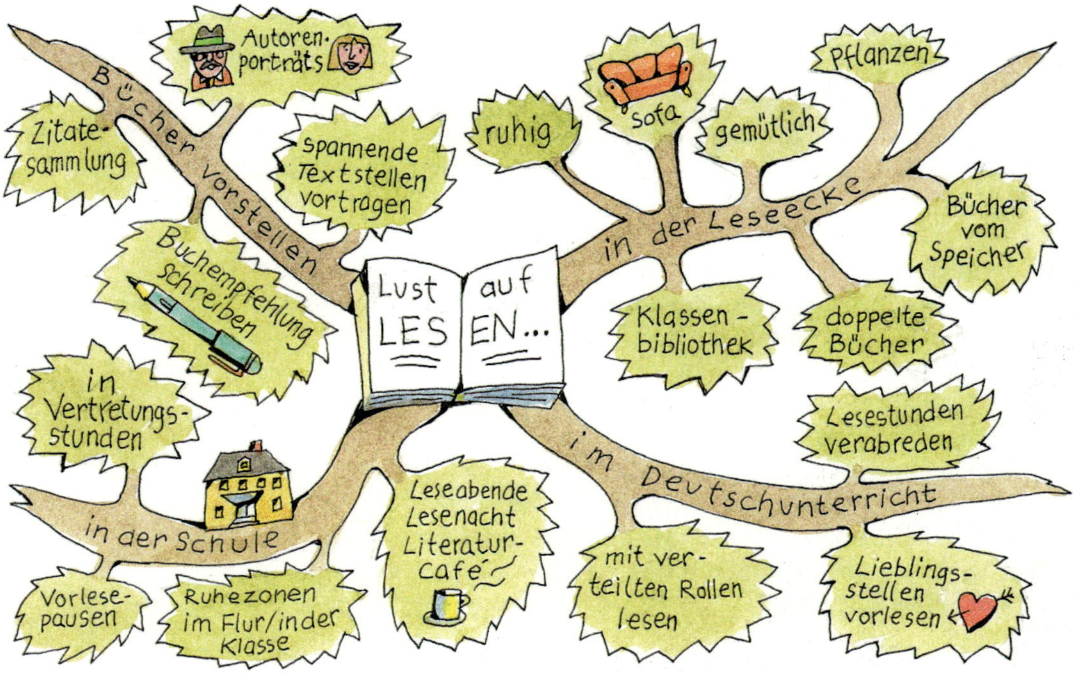

Die Buch-Tipp-Kiste

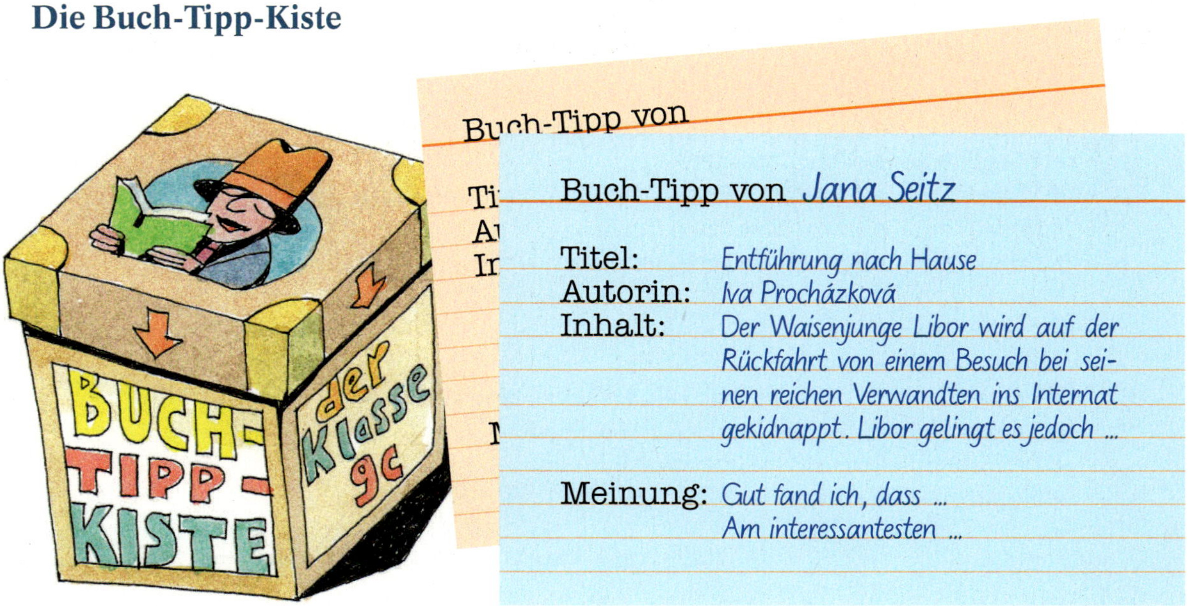

Ein Lesetagebuch führen

Ein Lesetagebuch ist ein persönliches Heft, in dem Fragen, Gedanken, Eindrücke und Gefühle während des Lesens eines Buches festgehalten werden können. Es hilft, über das Gelesene nachzudenken und zu einer begründeten eigenen Meinung über das Buch zu gelangen.

Ideen zum Inhalt eines Lesetagebuchs:

Vor dem Lesen des Buches
- Was verbindest du mit dem Titel?
- Beschreibe deine Erwartungen an den Inhalt.
- Wie wirkt das Titelbild auf dich?
- Stelle den Autor/die Autorin vor.
- Informiere dich über die historischen Ereignisse zur Entstehungszeit des Buches.
- …

Während des Lesens
- Notiere Textstellen, die dich besonders lustig, traurig, nachdenklich … stimmen.
- Sammle Zitate, um eine Person zu beschreiben.
- Entwirf Personensteckbriefe.
- Illustriere einzelne Buchkapitel.
- Füge ein neues Kapitel ein.
- „Telefoniere“ mit dem Helden/der Heldin.
- Formuliere eine E-Mail an eine Person des Buches.
- Wandle Textpassagen in Bilderfolgen/einen Comic um.
- Verfasse einen Zeitungsartikel zu einem Ausschnitt der Handlung.
- Schreibe einen Brief an eine Person des Buches.
- …

Nach dem Lesen des Buches
- Was hat dir besonders gut/weniger gut gefallen?
- Notiere deine Meinung zum Buch.
- Beurteile den Titel des Buches.
- Schreibe einen Brief an die Autorin/den Autor.
- Wie geht die Geschichte weiter?
- Verfasse für die Schülerzeitung eine Buchkritik (Rezension).
- Entwirf ein Kreuzworträtsel zum Inhalt.
- Entwirf einen alternativen Buchumschlag.
- …

Äußere Gestaltung
- Verwende für das Lesetagebuch ein Heft oder eine Mappe.
- Entwirf einen Umschlag für das Lesetagebuch.
- Lege abschließend ein Inhaltsverzeichnis an.
- Nummeriere die Seiten.
- …

Mögliche Arbeitsweisen

- Eine Reihe von Aufgaben können als Pflichtaufgaben und andere als Wahlaufgaben vorher (gemeinsam/vom Lehrer) festgelegt werden.
- Schreibe Buchzitate in einer anderen Farbe heraus.
- Sprecht in regelmäßigen Abständen (Leseecke/Gesprächskreis) über eure Bücher.
- …

Beispiele für Aufgaben zu einem Lesetagebuch:

Entführung nach Hause – Iva Procházková

(Um die Aufgabe erledigen zu können, schau noch einmal auf die Seiten 90–118.)

Pflicht

★ Der Schulleiter/die Schulleiterin des Internats erkundigt sich bei Tante Jolana und Onkel Michael nach Libor. Wie könnte das Telefonat ablaufen?

oder

★ (S. 105/106) Blanka schneidet Libor die Haare. Libor findet den Mut zu einem ausführlichen „Geständnis“. Schreibe den Dialog zwischen den beiden.

Wahl
(Wähle **mindestens** eine Zeichen- **und** eine Schreibaufgabe aus!)

Zeichnen:
- Libor in Gips
- Die Kröte
- Eine Zeichnung aus Gusta Peseks Skizzenblock
- Blankas Marktstand
- Die sprechende Dohle
- Das „Geschenk“
- Das Festessen
- Das Dachbodenzimmer

Schreiben:
- Schreibe den Brief eines Mitschülers (Boby) an Gusta P. (S. 95).
- „Zwetschgenknödel“ – Was ist das? Erkläre die Speise und suche Gerichte.
- Libor liegt auf dem Sofa und schreibt einen ausführlichen Brief an Tante und Onkel.
- Aus der Vergangenheit von Gusta P.: Schreibe eine passende Begebenheit auf.

Entführung nach Hause – Iva Procházková

(Um die Aufgabe erledigen zu können, schau noch einmal auf die Seiten 119–155.)

Pflicht

★ Der Junge aus dem Teich. Schreibe den Polizeibericht!

oder

★ Auf seinem Ausflug mit der Klasse nach Wien schreibt Libor/Gusta einen letzten Brief an seine Tante und seinen Onkel. Verfasse diesen Brief!

…hl
(…le **mindestens** eine Zeichen- **und** eine Schreibaufgabe …us!)

…nen“
…genähten
…er
…Ge-

Schreiben:
- Wie erlebt Libor die Natur bei den Panenkas? Schreibe hierzu einen Text.
- Die Band singt ein Lied zu Marcelas Geburtstag. Erfinde weitere Strophen (S. 133).
- Schreibe ein Horoskop für Libor.
- S. 139: „Ich kam mir vor, als hätte ich Gusta selbst getötet.“ Warum sagt Libor das? Wie fühlt er sich? Er erklärt dies in einem Tagebucheintrag.
- Der Brief unter der Bettdecke. Schreibe ihn.
- Schreibe Marcelas Geschichte vom Eisbären.

Leseerfahrungen austauschen

- Tragt Teile in der Klasse/bei Elternabenden/ Leseabenden … vor.
- Stellt eure Lesetagebücher in die Klassenbibliothek.

5.7 Referate verfassen und halten

Informationen einholen

Informationen über unterschiedlichste Sachbereiche sind durch Bücher, Zeitschriften, CD-ROMs, Videofilme, Interneteinträge zu erhalten. Dazu benutzt man verschiedene Hilfsmittel, die eine schnelle Orientierung ermöglichen:

Leihbüchereien verfügen über Kataloge, entweder in Karteiform oder als Datei im Computer, die allen Besuchern zugänglich sind. Neben dem alphabetischen Katalog, der die Autoren oder Herausgeber aller vorhandenen Werke alphabetisch auflistet, ist vor allem der Schlagwortkatalog für die thematische Suche wichtig.

In **Buchhandlungen** (oft auch in Bibliotheken) liegt das Verzeichnis aller lieferbaren Bücher (VLB) aus. Es ist alphabetisch aufgebaut und kombiniert Autoren und Schlagwörter. Hier erfährt man, welche Bücher oder Medien im Handel sind (vergriffene, d. h. nicht mehr lieferbare Bücher sind hier nicht aufgenommen!). Das VLB ist auch über das Internet zugänglich.

Im **Internet** helfen so genannte Suchmaschinen weiter. Das sind Hilfsmittel, die je nach Einstellungen weltweit oder in bestimmten Ländern nach Einträgen zu einem bestimmten Stichwort oder einer Stichwort-Kombination suchen und sie auf dem Bildschirm anzeigen.

Berufsausbildung

Horst H. Siewert:
Handbuch Praktikum –
Deutschland. Erfolgreich
bewerben bei den besten
Adressen. interconnections,
Freiburg 2000, 224 S.

Berufsausbildung/Ratgeber

Handbuch Berufswahl. Entscheidungshilfen für Schulabgänger. ◇**Detel, Markus.** 08/2001. 208 S. – 20,5 x 13,3 cm (campus concret., 21) 'Campus △' Kt 19,90/SFr 28,80 <3-593-35812-3>

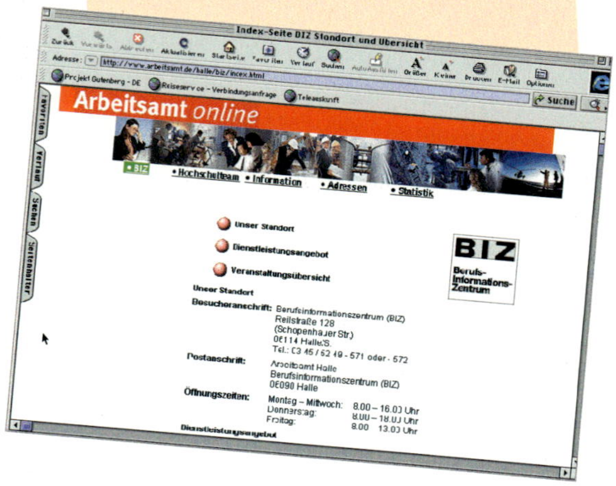

Verarbeitung der Informationen

Leitfragen zur Vorstellung eines Berufes

- *Welche Fähigkeiten sollten Bewerber haben?*
- *Welche Tätigkeiten verlangt der Beruf?*
- ...

1. Leitfragen erstellen

Wonach willst du suchen, was interessiert am Thema besonders, worüber muss informiert werden?

2. Informationen auswerten

▶ S. 127–129

Beim Auswerten wendest du die üblichen ▶Textbearbeitungsmethoden an: Kerninformationen markieren, am Rand zusammenfassen, Zitate exzerpieren (wörtlich herausschreiben), Informationen mit eigenen Worten zusammenfassend wiedergeben.

3. Gliederung erstellen („roter Faden“)

Die Informationen, die zum Vortrag kommen sollen, ordnest du nach sachlichen Gesichtspunkten an; unter Umständen musst du Vorwissen oder Interesse der Zuhörer/-innen mit bedenken.

4. Einleitung und Schluss gestalten
Einleitung und Schluss bilden den Rahmen des Referats. Die Einleitung muss das Interesse der Zuhörer/-innen wecken, dazu kann sie z. B. eine persönliche Bemerkung des Referenten über seine Einstellung zu dem vorgestellten Thema anbringen, eine Bemerkung über vermutete Reaktionen der Zuhörer machen usw.

Ich vermute, dass ihr euch unter dem Beruf eines Motopäden/einer Motopädin nicht sehr viel vorstellen könnt. Es sei denn, ihr erinnert euch wie ich an einen Unfall, den ihr hattet und nach dem ihr Krankengymnastik machen musstet. Als ich mich intensiver mit diesem Berufsbild beschäftigte, wurde mir allerdings klar, dass ...

Der Schluss sollte die zentralen Informationen noch einmal wiederholen und mit einer abschließenden Bemerkung an die Einleitung anknüpfen:

Fassen wir noch einmal zusammen: Der Beruf des Motopäden/der Motopädin umfasst viele abwechslungsreiche Tätigkeiten im Umgang mit Kindern, Jugendlichen und Erwachsenen, deren Wahrnehmungs- und Bewegungsvermögen gestört ist. Eingangsbedingung ist die mittlere Reife und man sollte großes Interesse am Umgang mit Menschen mitbringen. Die Ausbildungszeit beträgt drei Jahre.
Hätte ich damals bei meinem Unfall schon gewusst, dass sich eine Motopädin um mich gekümmert hat, hätte ich noch mehr neugierige Fragen gestellt.

Präsentation vorbereiten

1. Vortragskarten erstellen
Referate sollen frei vorgetragen werden. Die ausformulierte Fassung kann dabei eher hinderlich sein. Besser ist eine Zusammenstellung der wichtigsten Stichworte auf Karteikarten. Dabei sollte man auf eine große, gut lesbare Schrift achten. Verschiedene farbige Markierungen verhelfen zu einer schnellen Orientierung (Zitate, Kernwörter, Anschauungsmaterial).

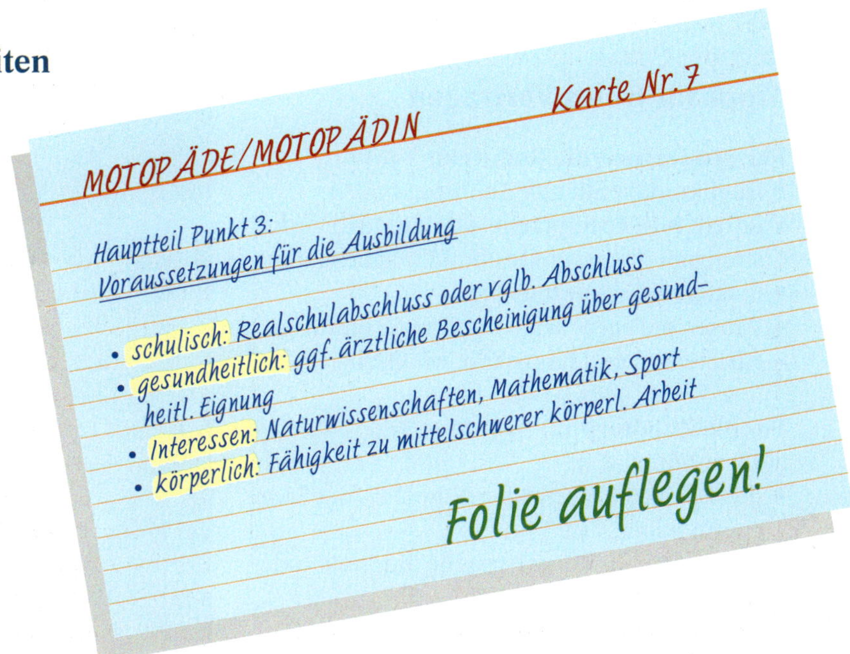

2. Anschauungsmaterialien auswählen

Der Einsatz von Anschauungsmaterial verschafft dem Redner/der Rednerin Verschnaufpausen. Die Zuhörenden merken: Je besser verschiedene Sinne (Auge/Ohr) angesprochen werden, umso besser versteht und behält man.

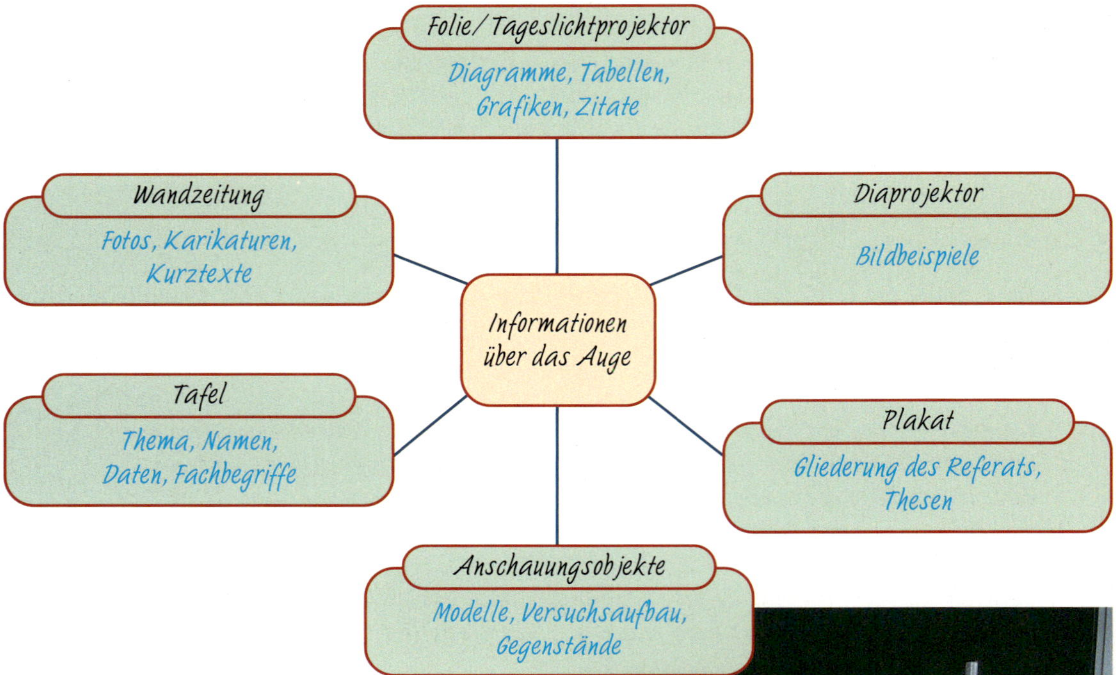

Tipps für freies Vortragen

Für den Redner/die Rednerin:
- Blickkontakt mit den Zuhörern halten,
- ▶ S. 56 durch ▶Körpersprache das Gesagte unterstreichen (Haltung, Gestik, Mimik beachten),
- Schachtelsätze vermeiden,
- Pausen einlegen, Wiederholungen einfügen,
- Redetempo und Lautstärke wechseln.

Für die Zuhörer:

aktiv zuhören, d. h.
- den Blickkontakt mit dem Sprecher/der Sprecherin halten,
- durch Mimik/Körpersprache Interesse oder Zustimmung ausdrücken,
- emotional mitgehen,
- den Vortrag nicht durch voreilige Fragen unterbrechen.

5.8 Projektlernen

Bei der Projektarbeit versuchen Schüler und Lehrer gemeinsam und arbeitsteilig eine Problemfrage zielorientiert zu lösen. Alle am Projekt teilnehmenden Personen planen dabei gemeinschaftlich die Vorgehensweise. Sie führen das Projekt zusammen durch und überdenken anschließend die Arbeitsergebnisse.
Projekte können im Rahmen eines Schulfaches oder aber fächerübergreifend durchgeführt werden.

Projektfindung

Wird von der Schule kein konkretes Thema für die Projektarbeit vorgegeben, hilft die folgende Anleitung, an einem **Projektfindungstag** ein Thema gemeinsam festzulegen.

Fahrplan für die Projektfindung:

1 Teams bilden
Bildet in der Klasse Teams, die ein mögliches Thema für ein Klassenprojekt ermitteln sollen.

2 Themen sammeln
Wege zur Themenfindung:

Befragt Mitschüler/-innen (Jahrgang/Schule ...), welche aktuellen Themen sie am meisten interessieren.

Erforscht euren Tagesablauf (Schule/Freizeit) nach einer interessanten Fragestellung.

Fallen euch Brennpunktthemen eurer Schule, Stadt, Gemeinde ein?

Ergibt sich aus dem besonderen Engagement eurer Schule (Agenda 21, Europa, Anti-Rassismus ...) ein mögliches Thema?

Blättert Zeitungen/Zeitschriften (Materialbörse) durch und stellt eine Hitliste häufig wiederkehrender Themen zusammen.

3 Teams bestimmen Themen
Jedes Team entscheidet sich für ein Thema.
Formuliert eine **Problemfrage** (Beisp.: *Wie können wir unseren Schulhof verschönern?*) und mögliche **Handlungsziele** zum Thema (Beisp.: *Wir erkundigen uns bei ...! Wir laden von der Umweltschutzorganisation ... ein! ...*)

4 Ergebnisse präsentieren/Verbindungen herstellen
- Jedes Team fasst die Ergebnisse der Recherche in einer strukturierten Stoffsammlung (Mind-Map/Cluster) zusammen. Jedes Team schreibt auf andersfarbige Zettel.
- An einem **Projektbaum** werden die Themen nach Sachgebieten ausgehängt und von den Teams vorgestellt.
- Haltet nach möglichen **Fächerverbindungen, Verknüpfungen** und **Überschneidungen** zwischen den Themen Ausschau.

5 Projektthema festlegen
Versucht, möglichst mit Mehrheitsentscheidung, ein Thema für ein Klassenprojekt festzulegen.

Wegweiser durch ein Projekt

Eine besondere Herausforderung bei der Projektarbeit ist die gemeinsame Arbeitsorganisation. Im Folgenden findest du im Überblick Tipps zu den einzelnen Arbeitsschritten.

1 Einstieg

Zu Beginn müsst ihr das Thema – selbst gewählt oder zugewiesen – erschließen.

- Stellt Schwerpunkte des Themas zusammen.
- Verschafft euch einen Überblick per
  - Brainstorming,
  - Ideenstern,
  - Mind-Map,
  - …
- Sammelt eure Ideen an der Tafel oder auf Karteikärtchen an der Pinnwand.
- Ordnet eure Ideen und formuliert Leitfragen dazu.

2 Planung

In der zweiten Phase eines Projekts gilt es, die Ziele festzulegen und die Aufgaben zu verteilen.

- Wählt aus, wie ihr eure Zielvorgabe dokumentieren wollt.
- Macht einen Terminplan für die einzelnen Phasen des Projekts.
- Teilt euch in Gruppen ein und verteilt die Aufgaben.
- Richtet euch Arbeitsplätze ein und bereitet die Materialsammlung vor.
  Legt z. B. Schubkartons oder Ordner mit Inhaltsverzeichnis und Trennblättern für die Unterthemen an.
- Besorgt notwendige Arbeitsmaterialien (Schere, Kleber, Tonband, farbige Stifte, Farbkartons, Tapetenreste usw.).

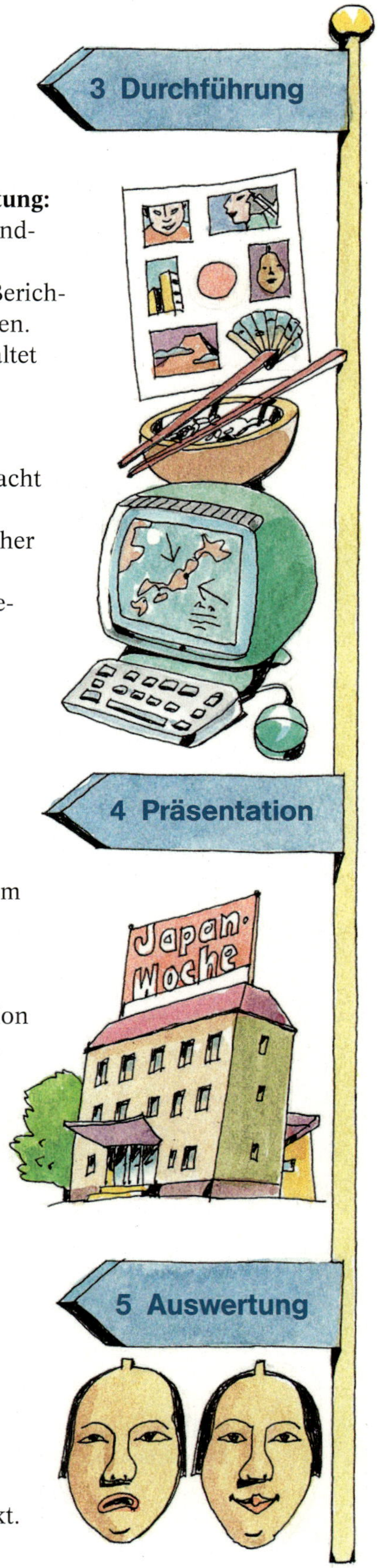

In dieser Phase arbeiten die einzelnen Teams daran, sich alles Wichtige zu ihrem Themenbereich zu beschaffen und die Materialien auszuwerten.

Tipps zur Materialbeschaffung:

- Leiht in der Schul-/Stadtbibliothek Materialien aus (Bücher, Dias, CD-ROMs ...).
- Habt ihr Zugang zum Internet?
- Schreibt an Firmen, Ämter, Botschaften, Organisationen.
- Sammelt Zeitungsausschnitte und nehmt Fernseh- oder Radiosendungen auf.
- Führt notwendige Versuche durch.
- Macht Erhebungen vor Ort (Interviews, Erkundungsgänge ...).

Tipps zur Materialauswertung:

- Erstellt Collagen und Wandzeitungen.
- Fasst Informationen zu Berichten, Reportagen zusammen.
- Zeichnet Pläne und gestaltet Plakate.
- Fertigt Schaubilder und Statistiken an.
- Dreht einen Film oder macht einen Fotoroman.
- Stellt Produkte/Modelle her und bereitet Gerichte zu.
- Schreibt Texte und Pressemitteilungen.

Schwerpunkt dieser Phase ist die Vorstellung der einzelnen Ergebnisse.

- Überprüft, ob euer Produkt mit der Aufgabenstellung und eurem ursprünglichen Plan übereinstimmt.
- Präsentiert eure Ergebnisse so anschaulich, dass alle sie leicht verstehen.
- Fasst alle Gruppenergebnisse in einer gemeinsamen Präsentation zusammen (Schulfest, Tag der offenen Tür, Elternabend, Ausstellung im Jahrgangsflur, Theateraufführung, Film- oder Diavorführung).
- Geht mit euren Ergebnissen an die Öffentlichkeit (Info-Stand auf dem Marktplatz, örtliche Medien benachrichtigen).

Vergesst nicht, nach Abschluss eures Projekts einen kritischen Rückblick zu machen – damit das nächste Projekt noch besser wird!

- Was hat euch bei der Arbeit besonders Spaß gemacht?
- Gab es Probleme? Wie könnten sie vermieden werden?
- Ist die Präsentation gelungen? Wie reagierte das Publikum?
- Formuliert Verbesserungsvorschläge für ein zukünftiges Projekt.

5.9 Arbeitsergebnisse präsentieren

Tipps für die Präsentation

Es gibt viele verschiedene Möglichkeiten, Arbeitsergebnisse zu präsentieren. Man kann z. B. den Overheadprojektor nutzen oder Präsentationssoftware und einen Beamer einsetzen.
Eine wichtige Möglichkeit, Arbeitsergebnisse anschaulich und übersichtlich festzuhalten, ist das Plakat.

Tipps zur Plakatgestaltung

Vorbereitung

Ihr braucht Tapetenrollen oder Fotokarton für euer Plakat, darüber hinaus Stifte, Kleber, Schere, Reißzwecken und eine freie Wandfläche in der Klasse. Ideal ist eine Kopier- und Vergrößerungsmöglichkeit für euer Anschauungsmaterial (Schaubilder, Fotos, Puzzleteile ...).

Ausführung

Achtet auf eine gut lesbare Gestaltung. Hierzu solltet vor allem die Überschriften deutlich ins Auge springen. Zeichnet Schaubilder und klebt Fotos auf das Plakat. Verfasst eigene kurze Texte.
Breitet zuerst alle Materialien auf dem Plakat aus. Ordnet sie anschließend durch Hinundherschieben, bevor ihr sie aufklebt.

Nach der Präsentation

- Schafft einen gemeinsamen „Rahmen“ für die einzelnen Plakate (einheitlicher Hintergrund, Überschrift, „Logo“, überlegte Anordnung und Reihenfolge ...).
- Hängt die fertigen Produkte an eine Stelle (im Klassenraum), wo sie eine längere Zeit bleiben können.
- Sammelt Fotos, Zeitungsausschnitte und andere Texte und Materialien, die einen Bezug zum Thema haben. Ergänzt eure Plakate damit. Euer Material wird auf diese Weise zu einer prächtigen **Wandzeitung** anwachsen.
- Je nach Bedeutung und Umfang könnt ihr eure Ausstellung auch außerhalb des Klassenraums präsentieren (in der Pausenhalle, im Flur, im Eingangsbereich der Schule ...).

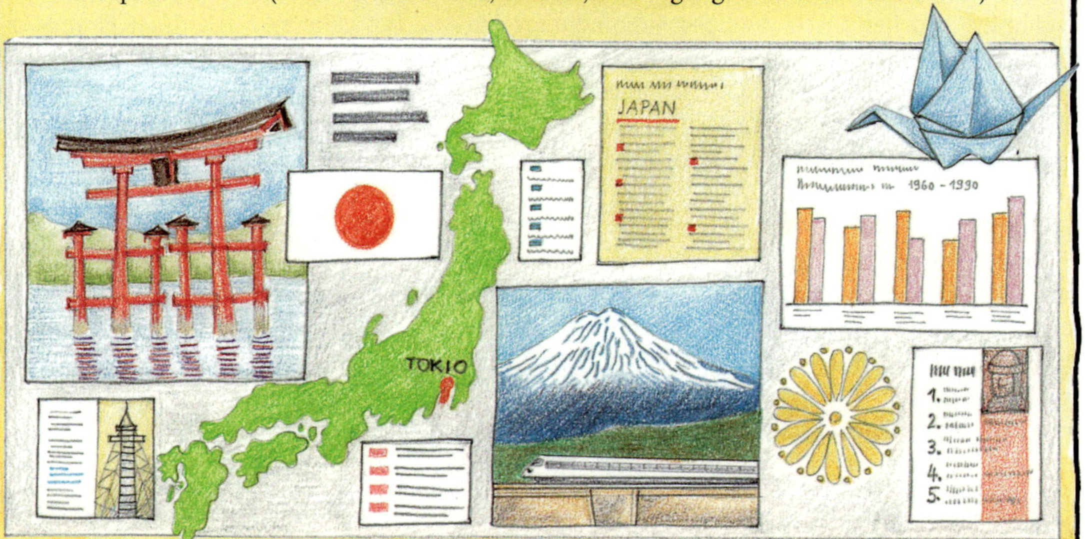

5.10 Im Team arbeiten

Bei einem Boxenstopp in der Formel 1 arbeiten bis zu 17 Mechaniker zusammen. Drei pro Rad (einer zum Lösen und Festschrauben der Muttern, einer, um das alte Rad zu entfernen, einer, um das neue darauf zu setzen), zwei an den Wagenhebern, zwei zum Auftanken und ein Chefmechaniker, der das Manöver mit dem Schild „Brakes on“ überwacht. Die Zusammenarbeit des Mechaniker-Teams muss perfekt sein, um einen Zeitverlust und vor allem Gefahren auf ein Minimum zu verringern.
Heute wird überall Teamarbeit und Teamfähigkeit erwartet. Um uns über die Aufgaben von Teammitgliedern und den Ablauf einer Teamarbeit klar zu werden, verfolgen wir einen Streckenplan über die vier Etappen einer Teamarbeit.

Streckenplan zur Teamarbeit

1. Etappe
Wir bestimmen gemeinsam das Thema und planen Arbeitsschritte:
Sammelt alle spontanen Einfälle zum Themenbereich an der Tafel.
▶ S. 130 Hierzu eignen sich besonders gut ein Brainstorming und das ▶ Clustern.
▶ S. 131 Ordnet anschließend eure Einfälle, vielleicht mit einer ▶ Mind-Map.

In einem **Brainstorming** ruft man zu einem Stichwort ohne vorherige Meldung in den Raum, was einem gerade durch den Kopf geht. Keine der Äußerungen, auch wenn sie noch so ungewöhnlich erscheint, soll zunächst kommentiert werden. Im weiteren Verlauf des Brainstormings kann man auf Äußerungen anderer mit eigenen Einwürfen regieren. Nach wenigen Minuten ist das Verfahren in der Regel erschöpft.
Um das Ideenmaterial des Brainstormings zu sichern, bestimmt man eine Protokollantin oder einen Protokollanten, die/der alles genauso ungeordnet aufschreibt, wie es gesagt wird.

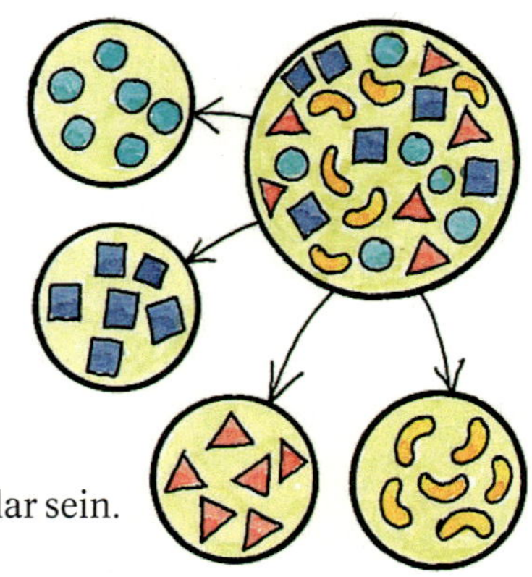

2. Etappe
Wir bilden Einzelteams, die sich die Arbeit teilen:
Du entscheidest dich je nach Interessenschwerpunkt, in welchem Team du mitarbeiten möchtest.
Oder ihr bildet Gruppen nach dem Zufallsprinzip (mit Losen, Spielkarten ...).
Die Größe eines Teams sollte 4–6 Personen nicht überschreiten.

3. Etappe
Wir führen die Gruppenarbeiten durch:
Die Aufgabenverteilung innerhalb eines Einzelteams muss allen klar sein.
Fertigt zur Überprüfung der Zusammenarbeit eine Checkliste an.

Checkliste für die Teamarbeit

Rolle	Aufgabe	Name
Der/die Gesprächsleiter/-in	ist zuständig für die Einhaltung des Arbeitsplans, er/sie gibt Anstöße für die Zusammenarbeit, erteilt das Wort und fasst auch schon einmal Teilergebnisse zusammen.	*Iris*
Der/die Protokollant/-in	erinnert gegebenenfalls an die einzelnen Arbeitsschritte, muss sich während der Arbeit im Team Notizen machen.	*Pierre*
Der/die Regelspezialist/-in	überwacht die Einhaltung der vereinbarten Gesprächs- und Arbeitsregeln für die Teamarbeit, muss auch auf die Uhr schauen, um bestimmte Zeitvorgaben und Zeitabsprachen nicht aus den Augen zu verlieren.	*Azlan*
Der/die Präsentant/-in	stellt der Großgruppe die Arbeitsergebnisse des Teams vor (wird erst nach Abschluss der Teamarbeit ermittelt, zum Beispiel durch Losentscheid).	...

TEAMREGELN

- Gegenseitige Hilfe
- Arbeiten werden gemeinsam verteilt und durchgeführt
- Nicht trödeln, zielstrebig arbeiten
- Fertiges vergleichen
- Unterschiedliche Lösungen diskutieren
- Zuhören und aufeinander eingehen
- Beim Thema bleiben
- Niemand beleidigt einen Teamkollegen/eine Teamkollegin
- Alle befolgen die aufgestellten Regeln

Führt euch immer wieder die Regeln für die Teamarbeit vor Augen.

4. Etappe
Wir werten die Teamarbeit aus und präsentieren sie:
Jedes Team bemüht sich um eine anschauliche ▶ Präsentation, damit für alle Schüler/-innen der Großgruppe das Gesamtbild des Themas deutlich wird. ▶ S. 144–145
Die Teammitglieder ziehen vorbereitete Spielkarten; wer zum Beispiel Herz-Ass zieht, stellt die Ergebnisse vor.
Bewertet eure Teamfähigkeit und fasst Vorsätze für die nächste Gruppenarbeit.

5.11 Protokollieren

Protokollieren ist eine spezielle Art des Berichtens. Hierfür gibt es eine feste äußere Form:
- Protokollkopf (Titel der Veranstaltung, Datum, Uhrzeit, Ort, Anwesende, Protokollant/-in, Thema),
- Gliederung des Hauptteils in Punkte, z. B. Tagesordnungspunkte (TOPs),
- Datum und Unterschrift.

Konzentrierst du dich eher auf die Ergebnisse als auf den Verlauf z. B. einer Diskussion, schreibst du ein **Ergebnisprotokoll**.

Ein Ergebnisprotokoll kann man nach thematischen Gesichtspunkten gliedern, d. h., man kann verschiedene Aussagen zu einem Themenaspekt zusammenfassen, auch wenn sie in der Diskussion zeitlich getrennt waren. Ein Ergebnisprotokoll ist außerdem deutlich kürzer als ein Verlaufsprotokoll. Tempus des Ergebnisprotokolls ist das **Präsens**. Die Beiträge einzelner Teilnehmer/-innen werden in der **indirekten Rede** wiedergegeben (Konjunktiv!).

Diese Form eignet sich auch für **Stundenprotokolle**.

Sankt-Adelheid-Realschule Düsseldorf

Schülerratssitzung am 23.05.2002, SV-Raum, 14.00 Uhr–15.30 Uhr

Anwesende: M. Müller, T. Iking, M. Forstbauer, S. Koch, J. Dreher,
entschuldigt: R. Reiser
Protokollantin: M. Müller

TOP 1: UNICEF-Solimarsch der Düsseldorfer Schulen am 19.06.2002

Folgende Aspekte werden angesprochen:
a) Werbung für den Marsch in den Klassen
b) Begleitung durch Lehrer/-innen
c) Einsammeln der Sponsorengelder

zu a: In den Klassen werden die Sponsorenzettel verteilt. Thiemo übernimmt die 8., Susanne die 9. und Marina die 10. Klasse. In der Eingangshalle werden große Plakate aufgehängt (Stadtschülervertretung).

zu b: Bisher haben 8 Lehrer und Lehrerinnen ihre Teilnahme zugesagt. Es sollen noch weitere angesprochen werden (Jürgen). Maria spricht deswegen morgen Herrn Bacher an. Sie berichtet, dass er bereits seine Bereitschaft zur Unterstützung signalisiert habe.

zu c: Um Verdächtigungen vorzubeugen, sollen Gelder immer von jeweils zwei Personen angenommen werden. Die Klassensprecher/-innen und Vertreter/-innen sammeln das Geld in den Klassen ein und geben es in der Woche nach dem Marsch in den großen Pausen im SV-Raum ab. Dort stehen immer zwei Schülerratsmitglieder bereit:
Montag und Mittwoch: Robert und Susanne
Dienstag und Donnerstag: Maria und Marina
Freitag: John und Thiemo

TOP 2: Ausleihe von Spielmaterial in den großen Pausen

...

Willst du über den genauen Verlauf eines Ereignisses, einer Unterrichtsstunde, einer Diskussion oder eines naturwissenschaftlichen Experiments berichten, musst du ein **Verlaufsprotokoll** anfertigen. Hier kann man statt des Präsens auch das Präteritum als Tempus wählen.

Goethe-Gesamtschule Wuppertal
Klasse 10 a

Ernährungslehre am 23.04.2002 –
Thema: Herstellung eines Hefeteigs

10.35 Uhr–12.05 Uhr, Schulküche

Protokollant: Marius Müller

Tipps zum Mitschreiben während der Unterrichtsstunde
- Verwende Abkürzungen.
- Hebe Wichtiges durch Unterstreichungen hervor.
- Mache logische Zuammenhänge durch Pfeile deutlich: →
- Schreibe Stichworte, nicht ganze Sätze.

Verlauf
1. Vorbereitung
2. Durchführung
3. Erläuterungen zum Treibvorgang

zu 1: Frau Labnow erklärte uns zu Beginn der Stunde, dass ein Hefeteig nur unter bestimmten Voraussetzungen herzustellen ist: Mehl und warmes Wasser oder warme Milch, eventuell Zucker, Frisch- oder Trockenhefe würden miteinander zu einem Teig vermengt, der darauf – am besten bei etwa 30 Grad Celsius – ruhen müsse.
Sie hatte für jede Gruppe die entsprechenden Materialien mitgebracht. Die Aufgabe bestand darin, vier Teige pro Gruppe herzustellen: je zwei aus Frisch- bzw. Trockenhefe, jeweils einen dieser zwei mit Hilfe eines Vorteiges, den anderen im kompletten Mischverfahren.

zu 2: Die Gruppen teilten sich entsprechend auf, im Folgenden beschreibe ich zunächst die Herstellung mit Frischhefe.
a) Frischhefe mit Vorteig (süß)
Von der bereitgestellten Menge Mehl wurde ein kleiner Teil mit einem zerbröckelten Würfel Hefe, einem Löffel Zucker und etwas lauwarmer Milch in einem Schälchen gemischt. Diese Mischung wurde mit einem Teller zugedeckt und in ein Wasserbad gestellt. In der Zwischenzeit mischten wir den Rest des Mehls und des Zuckers. Nach etwa 12 Minuten wurde der Vorteig aus dem Wasserbad geholt. Es hatten sich viele Bläschen an der Oberfläche gebildet …

zu 3: …

Wuppertal, den 24.04.2002

Marius Müller

5.12 Bewerbungsschreiben und Lebenslauf

Das Bewerbungsschreiben

Ob für einen Ausbildungs- oder einen Praktikumsplatz, das Bewerbungsschreiben ist immer so etwas wie deine Visitenkarte. Es bestimmt den ersten Eindruck, den man von dir gewinnt. Daher muss es mit großer Sorgfalt und Sauberkeit erstellt werden und darf keine Fehler enthalten. Das Anschreiben wird aufgebaut wie ein Geschäftsbrief:

Angelika Koch
Roncallistraße 55
53842 Rungsheim
Tel: (0 22 41) 1 23 45

Rungsheim, den 12.1.2002

Firma
Sulzbacher GmbH
Personalabteilung
z. Hd. Frau Müller
Weststraße 17–23

52344 Salzstetten

> Vollständige Anschrift des Betriebes, möglichst Ansprechpartner und Abteilung angeben.

Bewerbung um einen Ausbildungsplatz als Bürokauffrau

> Warum schreibst du diesen Brief?

Sehr geehrte Frau Müller,

beim Arbeitsamt in Köln habe ich erfahren, dass Ihre Firma auch in diesem Jahr Auszubildende einstellt. Ich möchte mich deshalb bei Ihnen um einen Ausbildungsplatz als Bürokauffrau bewerben.

> Um welchen Ausbildungsplatz bewirbst du dich? Korrekte Bezeichnung.

Zurzeit besuche ich die Heinrich-Böll-Schule in Rungsheim, die ich voraussichtlich im Juni 2002 mit der Fachoberschulreife verlassen werde.

> Der Arbeitgeber möchte wissen: Was machst du zurzeit? Wann verlässt du die Schule? Welchen Abschluss strebst du an?

Ich interessiere mich für einen kaufmännischen Beruf und arbeite deshalb auch ab und zu im Büro des Schlossereibetriebs meiner Eltern mit. Im Informationszentrum des Arbeitsamtes und bei einer Betriebserkundung mit den 10. Klassen unserer Schule konnte ich weitere Einblicke in die Aufgaben des von mir angestrebten Berufes erhalten.

> Hier müssen einige stichhaltige Gründe für deinen Ausbildungswunsch angegeben werden.

Ich würde mich freuen, wenn Sie mich zu einem Vorstellungsgespräch einladen würden.

Meinen Lebenslauf, eine Fotokopie des letzten Zeugnisses und ein Passfoto lege ich diesem Schreiben bei.

> Was fügst du diesem Brief bei?

Mit freundlichen Grüßen

Angelika Koch

3 Anlagen

Der Lebenslauf

Ein Lebenslauf muss fehlerfrei und sorgfältig erstellt werden. In der Regel wird er in einer tabellarischen Form und maschinenschriftlich erwartet. Nur noch selten wird die handschriftliche Form ausdrücklich verlangt.

Beispiel:

Lebenslauf

Lichtbild vom Fotografen, Name und Anschrift auf die Rückseite, leicht ankleben

Persönliche Daten:

Name:	Angelika Koch
Anschrift:	Roncallistraße 55 53842 Rungsheim
Geburtsdatum:	12.5.1986
Geburtsort:	Düsseldorf
Eltern:	Wilhelm Koch, Schlossermeister Ingeborg Koch, geb. Wenzel, kaufmännische Angestellte
Geschwister:	eine jüngere Schwester

Wie sind deine persönlichen Verhältnisse beschaffen?

Schulischer Werdegang:

1991–1996:	Grundschule Wolperather Straße, Wahldorf
1996–2002:	Heinrich-Böll-Schule, Rungsheim angestrebter Abschluss: Fachoberschulreife

Welche Schulen hast du besucht? Welche Abschlüsse hast du erreicht, welche strebst du an?

Berufserfahrung:

2001:	dreiwöchiges Schulpraktikum in der kaufmännischen Abteilung der Firma Meier, Köln
seit 1999:	Mitarbeit im Büro des elterlichen Betriebes

Besitzt du Erfahrungen in dem angestrebten Berufsfeld?

Sprachkenntnisse:	Englisch (Schulkenntnisse und Sommersprachkurs in London 2001) Französisch (Grundkenntnisse)

Über welche besonderen Kenntnisse verfügst du? Sprachkenntnisse? Soziales Engagement?

Weitere Qualifikationen:

2001:	Schreibmaschine (Grundkurs der IHK)
seit 1999:	Jugendarbeit im Sportverein

Persönliche Interessen:	Volleyball, Computer, Lesen

Welche persönlichen Interessen und Hobbys hast du?

Rungsheim, den 12.1.2002

Angelika Koch

Wichtig: Ort, Datum, Unterschrift

Tipps für Bewerbungsschreiben und Lebenslauf

Beim Abfassen von Bewerbungsschreiben und Lebenslauf sollte man folgende Punkte beachten:

Äußeres

- Weißes Papier, einseitig beschreiben, DIN A 4
- Ränder links und rechts (2,5–3 cm)
- Sauberkeit, keine Flecken usw.
- Zeugnisse und Nachweise neu und gut lesbar kopiert
- Alle Unterlagen in einem Klemmordner oder Schnellhefter in der Reihenfolge: Bewerbungsschreiben, Lebenslauf, Zeugniskopien
- Bewerbungsfoto (am besten vom Fotografen!)
- Großer Umschlag, ausreichend frankieren

Aufbau und Inhalt des Bewerbungsschreibens

▶ S. 107

- Anschreiben: Name, Adresse, Ort und Datum, Empfängeranschrift
- Bezugszeile: „Bewerbung um …"/ „Ihr Angebot vom …"
- Anrede (wenn bekannt: zuständige Person in der Personalabteilung, sonst „Sehr geehrte Damen und Herren, …")
- Text mit der Begründung, warum man für diese Stelle geeignet ist und warum man sich bei diesem Unternehmen bewirbt
- Übersichtliche Gliederung in Absätze
- Bitte um ein Vorstellungsgespräch ▶ S. 115–116
- Grußformel („Mit freundlichen Grüßen")
- Unterschrift
- Anlagen

Sprachlicher Ausdruck

- Satzbau klar und abwechslungsreich
- Präzise und angemessene Formulierungen
- Unnötige Wiederholungen und Füllwörter vermeiden

Vollständigkeit des Lebenslaufs

- Lückenloser Lebenslauf, in der Regel tabellarisch: persönliche Daten (Name, Anschrift, Geburtsdatum, -ort, Eltern, Geschwister), Schulbildung, eventuell Praktika, Ferienjobs, Aushilfstätigkeiten
- Besondere Kenntnisse (Computer, außerschulische Kurse, Sprachkenntnisse, evtl. Hobbys)
- Ort, Datum, Unterschrift
- Foto rechts oben leicht angeklebt, Name und Adresse auf der Rückseite

Rechtschreibung

- Anredepronomen 3. Person Plural in allen Fällen großschreiben („Sie"/„Ihr"/„Ihnen" …)
- Nomen und ▶ Nominalisierungen großschreiben
- Getrennt- und Zusammenschreibung im Wörterbuch (z. B. Duden) überprüfen
- Fremdwörter im Wörterbuch oder Fremdwörterlexikon überprüfen

Zeichensetzung

- Alle Sätze/Satzgefüge mit Punkt beenden
- Kommagrundregel 1 beachten: Im ▶ Satzgefüge trennt das Komma Haupt- und Nebensätze.
- Kommagrundregel 2 beachten: Bei einer Aufzählung trennt das Komma die einzelnen Glieder (Wörter, Wortgruppen, Sätze) voneinander, wenn sie nicht durch „und" bzw. „oder" verbunden sind.
- Kommagrundregel 3 beachten: Das Komma trennt im Satz alles ab, was den normalen grammatischen Ablauf unterbricht (Einschübe, Voranstellungen, Nachträge).

Textquellenverzeichnis

S. 7: Georg Britting, Brudermord im Altwasser. Aus: Die kleine Welt im Strom. Nymphenburger Verlagsbuchhandlung, München 1952
S. 8: Tretroller angefahren. Aus: Kölner Stadt-Anzeiger, 10. 1. 2001
S. 34: Bertolt Brecht, Der Radwechsel. Aus: Werke. Große kommentierte Berliner und Frankfurter Ausgabe. Hg. v. W. Hecht, J. Knopf, W. Mittenzwei, K.-D. Müller. Suhrkamp und Aufbau Verlag 1989, Bd. 10, S. 1009
S. 37: Annette von Droste-Hülshoff, Der Weiher. Aus: Sämtliche Werke. Hg. von C. Heselhaus. Carl Hanser Verlag, München 1952
S. 38: Ulla Hahn, Nie mehr. Aus: Unerhörte Nähe. Deutsche Verlagsanstalt, Stuttgart 1988
S. 39: Conrad Ferdinand Meyer, Zwei Segel. Aus: Sämtliche Gedichte. Hg. v. Sjaak Onderlinden. Reclam, Stuttgart 1978, S. 119 f.

Bildquellenverzeichnis

S. 15 (2), 21, 52 (1), 53 (1), 58, 128, 146: dpa-Bildarchiv
S. 15 (Mitte): Lars Reimann, Berlin
S. 22: © 2002 VG Bild-Kunst, Bonn
S. 23: Hirshhorn Museum and Sculpture Garden, Smithsonian Institution, Washington D.C.
S. 24: erste Seite von Kafkas Handschrift „Die Verwandlung", 1915. Archiv K. Wagenbach, Berlin 1997; Illustration: Klaus Ensikat
S. 29, 46 (1), 47 (2), 48 (2), 49 (1), 50 (1), 51 (1), 52 (2): bpk Berlin
S. 34: Stiftung Archiv der Akademie der Künste, Berlin
S. 41: Corel-Bilddatenbank
S. 46 (3), 47 (1), 48 (2), 49 (2), 50 (1), 51 (1): AKG, Berlin
S. 46: The Dean and Chapter Library, The College of Durham, Großbritannien
S. 48 (1), 49 (1), 50 (1), 51 (1), 52 (1), 53 (1): ullstein bild, Berlin
S. 49 (1), 50 (1): Interfoto, München
S. 50 (1): Schiller-Nationalmuseum, Marbach, © 2002 VG-Bild-Kunst, Bonn
S. 51 (1): Ludwig-Meidner-Archiv/Jüdisches Museum, Frankfurt/M.
S. 51 (1): Bilderdienst Süddeutscher Verlag, München
S. 52 (1), 53 (1): Peter Peitsch, Hamburg
S. 53 (1): Suhrkamp Verlag, Frankfurt/M.
S. 53 (1), 54: Isolde Ohlbaum, München
S. 56, 133, 140: Thomas Schulz, Hohen Neuendorf
S. 62 (oben): NDR, Hamburg
S. 62 (2. v. oben): © RTL Television 2001, vermarktet durch RTL Enterprises
S. 62 (unten links): Thorsten Baering Sportfotografie, Hamburg
S. 62 (2. v. unten): © RTL Television 2001, © Grundy UFA 2001, vermarktet durch RTL Enterprises
S. 62 (unten rechts): WDR, Köln
S. 66 (oben): Abold, München
S. 66 (unten): Günther Einecke, Bergheim
S. 137: Iva Procházková: Entführung nach Hause, © für das Umschlagbild von Bernhard Förth, 1999, Deutscher Taschenbuch Verlag, München
S. 151: Nicole Ludwig, Hannover

Verteilung des Lernstoffs auf die Jahrgangsstufen

Die Übersicht orientiert sich an der Einführung des Lernstoffs im *Deutschbuch Grundausgabe.*

SPRECHEN UND SCHREIBEN

UMGANG MIT TEXTEN UND MEDIEN

UMGANG MIT TEXTEN UND MEDIEN

GRAMMATIK

GRAMMATIK – NACHDENKEN ÜBER SPRACHE

RECHTSCHREIBUNG UND ZEICHENSETZUNG

ARBEITSTECHNIKEN UND METHODEN

Sachregister

Redaktion: Stefan Windte
Illustration: Thomas Binder, Klaus Ensikat, Amelie Glienke, Klaus Müller
Umschlaggestaltung: Knut Waisznor
Layoutkonzept: Atelier Fischer mit Tonja Heilmeyer, Berlin
Layout und technische Umsetzung: werkstatt für gebrauchsgrafik, Berlin

Cornelsen online http://www.cornelsen.de

1. Auflage Druck 8 7 6 5 Jahr 08 07 06 05

Alle Drucke dieser Auflage sind inhaltlich unverändert und können im Unterricht nebeneinander verwendet werden.

Druck: CS-Druck CornelsenStürtz, Berlin

ISBN 3-464-60319-9

Bestellnummer 603199

Gedruckt auf säurefreiem Papier, umweltschonend hergestellt aus chlorfrei gebleichten Faserstoffen.